Não somos
filhos sem pais

Não somos filhos sem pais

História e Teologia do Batuque do Rio Grande do Sul

Hendrix Silveira

Fotografias de capa e contracapa: Mirian Fichtner
Revisão: Rayanna Pereira e Diego de Oxóssi

Título do livro baseado em um dos capítulos da obra de BERKENBROCK, Volney J. *A experiência dos orixás: um estudo sobre a experiência religiosa no candomblé.* 3. ed. Petrópolis: Vozes, 2007. 470 p.

Dados Internacionais de Catalogação na Publicação (CIP)

S587n Silveira, Hendrix
Não somos filhos sem pais: História e teologia do Batuque do Rio Grande do Sul / Hendrix Silveira. - São Paulo, SP : Arole Cultural, 2020.

ISBN 978-65-86174-06-9

1. Religiões afro-brasileiras. 2. Batuque. 3. Orixás. 4. Teologia afro-brasileira. I. Título

CDD 299.6
CDU 299.6

2020-2510

Índice para catálogo sistemático:
1. Religiões afro-brasileiras 299.6
2. Religiões afro-brasileiras 299.6

Elaborado por Vagner Rodolfo da Silva - CRB-8/9410

Dedico este trabalho a todo o povo
do Batuque de ontem, hoje e amanhã,
pois estamos todos interligados
pelo axé que emana de nossa fé.

SUMÁRIO

AGRADECIMENTOS

Agradecer é uma tarefa difícil para quem é da tradição dos Òrìṣà, pois entendemos que todos os seres, por serem *força,* estão unidos na conformação de uma intenção que, aqui, se desvela neste livro. Contudo, a individuação dessa *força* contribuiu para o nosso crescimento enquanto indivíduo e, assim, podemos nos integrar à coletividade de modo mais qualificado. Portanto nominarei algumas pessoas cuja *força* proporcionou que alcançássemos estes objetivos.

À minha avó, Amarolina Xavier Anzorena *(in memoriam)*, e à minha mãe, Tania Marisa Xavier Anzorena, por apostarem em mim, mesmo sabendo que "nado contra a maré".

À minha esposa Patrícia Sant'Anna Peixoto, por compreender minhas ausências, ler e opinar sobre o meu trabalho.

Aos meus filhos carnais e espirituais, por terem tido paciência e disposição comigo. Ao meu Bàbálórìṣà, Rafael Pedro de Ọ̀ṣun Dòkò, por compreender minhas exiguidades religiosas e a toda a minha família espiritual por acreditarem e apostarem em mim.

Aos meus colegas do Programa de Pós-Graduação em Teologia das Faculdades EST: Prof. Dr. Frei Vanildo Luiz Zugno, Me. Everson Oppermann, Prof. Dr. Pr. André Augusto Bousfield, Me. Arthur Felipe Moreira de Melo, Profª Drª Elisa Fenner Schroder, Prof.ª Dr.ª Daniela Senger, Prof. Dr. Pr. Rodomar Ricardo Ramlow, Prof.ª Dr.ª Kate Fabiani Rigo, Prof. Dr. Thiago Nicolau Araújo, Me. Pr. Sidnei Budke, Prof. Dr. Ruben Marcelino Bento da Silva, Dr. Thyeles Borcarte Strelhow, Prof. Me. Josué Klumb Reichow, por terem acolhido sem receios este "corpo estranho" e me ajudado muito na compreensão da Teologia da Tradição Cristã em comparação com a Teologia das Tradições de Matriz Africana.

Aos meus amigos Bel. **Bàbá** Diba de **Yemọjá** (meu padrinho), Ma. **Ẹ̀gbọ́nmí** Nina **Ọ̀pá Fọla**, Prof.ª Dr.ª **Ẹ̀gbọ́nmí Ọbà Oloríọba**, Bel. **Ẹ̀gbọ́nmí Èṣù Olumidè**, Prof.ª Dr.ª Pr.ª Lilian Conceição da Silva Pessoa de Lira, Prof. Dr. David Pessoa de Lira, por me acompanharem nessa jornada.

Aos professores do Programa de Pós-Graduação das Faculdades EST pelo incentivo nas aulas e fora delas.

Especialmente agradeço aquele que me orientou na produção deste trabalho, Prof. Dr. Oneide Bobsin, pela coragem ao me orientar neste tema e pela confiança depositada em mim. Suas contribuições são sempre excepcionais. E ao meu mentor na afroteologia, Prof. Jayro Pereira de Jesus (**Olorodè Ògyán Kalafò**), por me despertar na Teologia das Tradições de Matriz Africana.

Agradeço também a Coordenação de Aperfeiçoamento de Pessoal de Nível Superior (CAPES) pela bolsa de estudos que, sem ela, seria impossível desenvolver o projeto.

A dúpẹ́ o!

Muito obrigado!

Ìbáà tínrín, okùn òtító̩ k'í já;
bí iró̩ tó Ìrókò, wíwó ni ń wó.

Mesmo que seja fininho, o fio da verdade nunca quebra;
mesmo que a mentira seja tão grande, forte ou sólida como
uma árvore de Irôco, certamente cairá.

Provérbio yorùbá[1]

[1] Provérbio colhido no site Ilé Èdè Yorùbá, disponível em: <http://www.edeyoruba.com/sabor-da-cultura.html>. Acesso em: 15 jul. 2014.

PREFÁCIO

Prefaciar uma obra é sempre um privilégio. Neste caso, um privilégio duplo. Primeiro porque, na condição de igualmente Babalorixá de uma Tradição de Matriz Africana - TMA, o assunto me toca diretamente e, na sequência, porque a possibilidade de ler um texto antes, anteceder a leitura e apreciar uma obra tão significativa para os povos tradicionais de terreiro, mesmo antes desta chegar até os demais leitores, constitui-se em mais um momento de encontrar-se com o escritor.

Para a linguística, textos são sistemas de signos, ou ainda, emaranhados de marcas, palimpsestos[2], cujos sentidos são potencialmente atribuídos por aqueles que se propuserem a encontrá-las, busca esta responsável pela posição do leitor como um sujeito da leitura. Desse modo, o texto é plural por excelência, não se deve entender que por isso possui vários sentidos, mas que ele próprio é composto por uma pluralidade irredutível.

Buscar o pai da Tradição Batuque, neste caso, é como atravessar diferentes textos-oceanos, romper fronteiras, acolher a diacronia e (re)visitar saberes, pensares e fazeres por meio de marcas históricas e polissêmicas deixadas intencionalmente por uma ancestralidade originária. Porque esta mesma ancestralidade sobrevive por meio de um pergaminho raspado e reescrito com a capacidade extraordinária de não apagar totalmente as possíveis marcas de origem histórica.

Durante a leitura, edificam-se inúmeras imagens referentes à jornada mítico-ancestral percorrida pelo escritor. O Babalorixá encon-

2 Palimpsesto (do grego antigo παλίμψηστος, transl. "palímpsêstos", "aquilo que se raspa para escrever de novo": πάλιν, "de novo" e ψάω, "arranhar, raspar") designa um pergaminho ou papiro cujo texto foi eliminado para permitir a reutilização.

tra-se agora na encruzilhada-origem-terreira da Tradição Batuque. Lugar de entradas, saídas, apagamentos, desencontros e reencontros. O escritor é um caminhante que, por meio das pistas deixadas pelos seus próprios ancestrais, refaz, historicamente, o caminho percorrido pelos batuqueiros e batuqueiras desta tradição negra.

Professor Hendrix é uma daquelas pessoas que, por meio da sua escrita cuidadosa, circula como o ar. Sua escrita oxigena, devolve o ar, faz as ideias circularem; sua capacidade criteriosa de reunir história, *práxis*, *mythos* e *logos* torna a leitura tão significativa que, ao término, a ideias expostas, por meio da sua escrita, continuam conosco. Ele faz o que tenho chamado de (re)potencialização dos saberes ancestrais negros. Ele (re)tira, por meio de sua pesquisa e sistematização de conhecimentos empíricos e históricos, da escassez epistemológica à qual, há mais de 350 anos, têm sido submetidos os conhecimentos, vivências e práxis negra de terreiro.

Ao retirar a Tradição Batuque da orfandade e devolvê-la aos seus ancestrais fundadores no início do século XX — Esà Kujobá de Ṣàngó Àgódó, Ìyá Celetrina de Ọ̀ṣun Dókó, Bàbá Hugo de Yemọjá Bomi, Ìyá Jovita de Ṣàngó Àgódó, Ìyá Miguela de Èṣù Ajelu, Bàbá Gelson de Èṣù L'odé, Bàbá Pedro de Ọ̀ṣun Dókó, este livro nega o racismo que lhe fora imposto, como um lugar de produção de ausências e perpetuação de inexistências. O historiador-babalorixá-batuqueiro devolve ao órfão a sua devida filiação.

"**Não Somos Filhos Sem Pais**" fala de tradição. Tradição é sempre este tempo-espaço atravessados pela força da diacronia e pelo poder desgastante das intempéries que se esforça para resistir e se manter o mais próximo possível a sua gênese histórica. O Batuque se traiu como toda tradição, mas Exu sempre faz o erro virar acerto. Na tentativa de resistir ao epistemicídio, buscou-se uma origem mais sincrônica e distante das suas origens iorubás. Uma origem mais regional e territorialmente circunscrita ao próprio Rio Grande do Sul. Entretanto, foi esta possibilidade de origem mais sincrônica e ufanista que permitiu ao autor travar a jornada que agora configura um (re)escrever teológico.

Há marcas semióticas de suas matrizes civilizatórias anteriores a uma história contada somente baseada nos tempos mais próximos; há marcas que atravessam e excedem a sincronia. Marcas escritas em um pergaminho antigo e (re)visitada por uma criteriosa escrita que devolve ao centro da roda de conversa a própria tradição batuqueira.

Para retomar uma ideia central que atua como fio condutor de todo texto, a afrocentricidade surge então não exatamente como a negação do que é europeu, mas como uma crítica ao eurocentrismo ou a quem esteve sempre no centro da produção de conhecimento. Aqui, a afrocentricidade é estratégia e tecnologia de um tipo de pensamento, prática e perspectiva que percebe o que é de origem africana como sujeitos e agentes de fenômenos atuando sobre a produção da sua própria imagem cultural e de acordo com seus próprios interesses humanos; sempre sem a necessidade de desprezar os saberes de outros povos.

A pesquisa de Hendrix Silveira leva o inhame novamente para a panela na cozinha do Axé. O inhame é (re)cozido e a magia negra se faz. Agora, ele, devolvendo o inhame-batuque a sua história expandida, começa a (re)moldar o inhame, expandindo a bola de inhame que oferecemos a Oxalá. O Batuque é devolvido às mãos de Oxalá. Um Oxalá preto, iorubá, continente africano, berço do mundo, com matrizes civilizatórias afro-brasileiras. Trata-se, agora, de uma tradição que possui uma história que nos remete ao povo africano e sua cultura. A partir de um *lócus* de tripla pertença – Pesquisador/Afroteólogo e Babalorixá da Tradição Batuque, o autor nos conduz rumo à compreensão de que as tradições de matriz africana no Brasil, com enfoque no Batuque do Rio Grande do Sul, sofreram um processo de destituição epistemológica.

Finalmente, é preciso destacar que não se está diante de novos sentidos, mas sim diante da devolução de sentidos tradicionais, históricos e originários. Também por isso que, ao atribuir sentidos e propósitos aos rituais do Batuque a partir de uma reflexão teológica fundamentada numa epistemologia interdisciplinarizada afrocentrada e pós-colonializada; ao se conhecer a história dessa tradição, desde suas origens africanas até uma reestruturação local que permitiu a sua sobrevivência, o que se tem é o empretecimento desta tradição. Mesmo sem a intenção explícita, o que Hendrix faz é devolver a Tradição às suas origens africanas e, concomitantemente, à sua epistemologia negra.

Suzano, 02 de julho de 2020.

Sidnei Barreto Nogueira

Bàbálórìṣà da Comunidade da Compreensão e da Restauração

Ilé Àṣẹ Ṣàngó – CCRIAS – Candomblé Ketu

Doutor em Semiótica e Linguística Geral pela USP

Coordenador do Instituto Ilê Ará SP

Instituto Livre de Estudos Avançados em Religiões Afro-Brasileiras

INTRODUÇÃO

O que mais escutamos no meio batuqueiro é que o Batuque é uma religião gaúcha, ou seja, criada aqui no Rio Grande do Sul por gaúchos. Essa "teoria" muito divulgada no meio é permeada por valores do gauchismo como o ufanismo separatista típico nesse estado. Em "Não somos filhos sem pais" defendemos que o Batuque não se autogerou nesse estado: a tradição possui uma história que nos remete ao povo africano e sua cultura. Propomo-nos, no presente trabalho, comprovar que o Batuque possui uma origem africana e que possui uma teologia própria, destituída pelo epistemicídio brasileiro. Para tanto, dissertamos sobre alguns elementos constitutivos da história e da teologia das tradições de matriz africana no Brasil com enfoque no Batuque[3] do Rio Grande do Sul.

O objetivo geral é entender como o Batuque sofreu a sua destituição epistemológica; atribuir sentidos e propósitos aos rituais do Batuque a partir de uma reflexão teológica fundamentada numa epistemologia interdisciplinarizada, afrocentrada e pós-colonializada; conhecer a história dessa tradição, desde suas origens africanas até a reestruturação local; auxiliar tanto pesquisadores sobre o tema quanto profissionais na área de educação, sobretudo no campo da Teologia, das Ciências da Religião e do Ensino Religioso; assim como municiar os vivenciadores do Batuque - os batuqueiros - que, devido à perseguição histórica, acabaram por ter seus saberes ancestrais destituídos com o epistemicídio engendrado pelo colonialismo do "homem branco".

---

[3] Usamos a palavra *Batuque* em maiúsculo para diferenciar essa tradição de matriz africana de cunho civilizatório, cultural e religioso das festas populares como os pagodes, folguedos, jongos, quicumbis, maçambiques, candombes e congadas.

Como objetivos específicos investigaremos os processos históricos do Batuque, tanto no seu surgimento em África quanto no processo diaspórico; a chegada da tradição africana ao Brasil e sua estruturação nos mais variados espaços da diáspora, com ênfase ao que se dá no Rio Grande do Sul; o processo de epistemicídio orquestrado pela sociedade dominante no sentido de descaracterizar essa tradição, deslegitimando-a; e o processo de reafricanização a partir de conceitos teológicos e filosóficos estabelecidos epistemologicamente.

Somos a quinta geração de nossa família que vivencia o Batuque, sendo o terceiro a alcançar o posto de Sumo Sacerdote (*Bàbálórìṣà*[4]). No transcurso de nosso processo iniciático nos deparamos com a falta de um conhecimento sistematizado sobre a história e a teologia da tradição que vivenciamos. Entretanto, assim como muitos afro-religiosos, percebemos que a simples prática dos rituais não nos garante respostas às inquietações filosóficas e teológicas sobre nossa própria fé. O constante repetir dos rituais permitem muitas reflexões, não há dúvida disso, mas com que base podemos fazer essas reflexões?

Nos últimos vinte anos nos dedicamos ao estudo nas áreas de Antropologia, Etnologia, História, Sociologia, Pedagogia, Linguística, Geografia, Filosofia e Teologia, na sua maioria brasileiros, mas também muitos africanos e europeus, com a intenção de responder essas inquietações. No entanto, a maioria dessas produções segue uma ideologia que conhecemos como eurocêntrica, onde o negro e sua cultura é sempre subvalorizado ou desqualificado. No campo teológico ainda é pior, pois os pesquisadores que falam da religião de matriz africana, em sua maioria cristãos, tentam se apropriar da cultura ao qual está impregnada (ou impregna, segundo Paul Tillich) para se instrumentalizar de

[4] Na redação do trabalho manteremos as palavras em *yorùbá* na sua grafia original, na intenção de manter sua característica fonética, totalmente expressa na sua forma de escrever. Para saber a pronúncia de forma correta, favor ver o apêndice ao final deste trabalho. O cargo feminino é *Ìyálórìṣà*.

elementos que favoreçam a sua conversão e não numa tentativa de compreensão acadêmica da religião negra.

A Academia gaúcha nunca se debruçou sobre o Batuque no sentido de resgatar a sua história e sua teologia. O epistemicídio executado pelas instituições dominantes (visivelmente o Estado Português e o Brasileiro bem como a Igreja Católica num primeiro momento e depois as Igrejas neopentecostais) levou o vivenciador dessa tradição de matriz africana a negar sua própria história e teologia por receio de serem segregados, perseguidos, aprisionados, torturados ou mesmo assassinados - todas práticas comuns do Estado e de membros de outras tradições religiosas, sobretudo quadros do cristianismo.

Enquanto na Bahia o Candomblé tem uma vasta quantidade de pesquisas de graduação e pós-graduação (*lato* e *strictu sensu*) que conseguiram manter viva sua história e cosmovisão com trabalhos tanto de vivenciadores quanto de não vivenciadores em várias áreas do conhecimento, o oposto ocorre com o Batuque, cuja produção intelectual é majoritariamente na área de Antropologia e com quase cem por cento dos pesquisadores não vivenciadores. Este tipo de produção acaba por excluir o viés experiencial, unilateralizando a análise e contribuindo para a construção de uma visão equivocada e cristalizada dessa religião. Ao longo da história a tradição de matriz africana foi perseguida pelas instituições dominantes e essa perseguição de cunho epistemicida - posto que atuou em várias frentes como a criação de conceitos que associam as tradições de matriz africana ao mal, ao charlatanismo, curandeirismo, primitivismo, folclore e superstição - desencadeou, por um lado, o que o antropólogo Norton Corrêa chama de subterraneidade dessa religião e, por outro, um estado de resiliência que conduziu o afro-religioso a negar sua própria episteme adotando, invariavelmente, teologias europeias (sobretudo o espiritismo) para explicar sua fé.

Retomar esses saberes é crucial para o fortalecimento do culto sob a ótica das culturas descolonizadas e valorizadas ontologicamente.

Neste contexto, a pesquisa traz alguns elementos que possibilitarão uma autovalorização batuqueira. Por outro lado, a produção deste tipo de trabalho direcionado exclusivamente à tradição de matriz africana estruturada no Rio Grande do Sul preencherá uma lacuna no campo histórico-teológico, redimensionando os saberes acadêmicos ao proporcionar conhecimentos em campos pouco explorados nessa temática. Esta pesquisa também se insere nas políticas atuais de reparação às comunidades afrodescendentes, uma vez que procura recuperar sua história e sua Teologia e ainda auxilia na implementação da lei 10.639/03 e a 11.645/08, que obriga o estudo da História e Cultura Africana e Afro-brasileira no Ensino Fundamental e Médio das escolas públicas e privadas.

Com certeza há uma teologia nas religiões africanas. Mas essa teologia é capaz de revelar os sentidos dos rituais de Batuque? De que forma ela se insere no processo histórico dos batuqueiros?

Para responder essas e outras questões que surgiram na pesquisa, combinamos elementos de nossa experiência iniciática confrontados com uma bibliografia preferencialmente de cunho afrocentrado ou hermeneutizado nessa perspectiva, que nos serviu de base epistemológica. Defendemos a hipótese de que o Batuque, como toda religião afrodiaspórica, sucumbiu ao seu próprio epistemicídio, o que gerou grandes mudanças estruturais, ritualísticas e teológicas. Algumas dessas mudanças foram cruciais para sua sobrevivência no meio alienígena às suas origens. Mas, na medida em que a democratização dos saberes e a sua relativização se tornam inerentes ao tempo moderno, sobretudo no século XXI, podemos repensar o Batuque naquilo que lhe foi tirado: um saber calcado numa cosmovisão africana, ou seja, a África explica o Batuque.

Para isso, buscamos na metodologia empregada neste trabalho a perspectiva denominada por Juana Elbein dos Santos como "desde dentro". Nessa perspectiva o pesquisador está inserido na conjuntura de seu objeto de pesquisa e o analisa a partir de tal perspectiva. Santos faz uma crítica aos pesquisadores que acreditam que apenas a análise "desde fora" é aceitável no contexto da pesquisa. Essa análise encontra eco em Elisa Larkin do Nascimento, que faz uma crítica à Antropologia que, ainda que tente respeitar o meio cultural estudado *"[...] detém-se, em geral, numa visão estática, localizando um grupo numa conjuntura e fixando-o como se estivesse preso para sempre à condição em que foi estudado."*[5]. Da mesma forma Santos diz que:

> *[...] não tem desenvolvimento iniciático, não convive suficientemente com o grupo, suas observações são, na maioria das vezes, efetuadas "desde fora", vistas através de seu próprio quadro de referências [...] a observação parcial, a pouca convivência, não lhe permitem distinguir os fatos acidentais ou excepcionais, nem distinguir os ciclos ou sequências, nem as relações entre objetos dispersos ou de ritos aparentemente diacrônicos. Mesmo a utilização de uma terminologia vinda de sua própria área cultural ou profissional o levam, às vezes, a deformar o material observado [...]. Isso leva a descrições fragmentárias – ou mesmo totalmente deturpadas, obscuras – que podem induzir a graves erros àqueles que utilizam esse material como base de construções teóricas.*[6]

Entendemos que Santos não faz crítica à perspectiva "desde fora", mas sim aqueles que acreditam que apenas essa perspectiva é a ideal para a racionalização lógica da Academia; critica aqueles que defendem

---

[5] NASCIMENTO, Elisa Larkin. Sankofa: significado e intenções. In: NASCIMENTO, E. L. (Org.). *Sankofa*: matrizes africanas da cultura afro-brasileira. V. I. Rio de Janeiro: Editora UERJ, 1996. p. 30.

[6] SANTOS, Juana Elbein dos. *Os nagô e a morte*: pàdé, àṣẹ̀ṣẹ̀ e o culto égún na Bahia. 11. ed. Petrópolis: Vozes, 2002. p. 18.

que o pesquisador normativamente deve ter distância do seu objeto de pesquisa. Ao defender posição oposta, Santos não nega a importância da pesquisa "desde fora", mas afirma que esta deve ser complementada pela perspectiva "desde dentro" e a justifica:

> *[...] a religião Nàgô constitui uma experiência iniciática, no decorrer da qual os conhecimentos são apreendidos por meio de uma experiência vivida no nível bipessoal e grupal, mediante um desenvolvimento paulatino pela transmissão e absorção de uma força e um conhecimento simbólico e complexo a todos os níveis da pessoa, [o] que representa a incorporação vivida de todos os elementos coletivos e individuais do sistema.*[7]

O quadro teórico para este trabalho está alicerçado no conceito de afrocentricidade desenvolvido pelo filósofo afro-estadunidense Molefi Kete Asante[8]. Graças à filosofia do pan-africanismo (conceituando que há uma identidade africana dos negros do mundo todo) e da negritude (movimento de exaltação dos valores culturais dos povos negros),

---

7 SANTOS, 2002, p. 17.

[8] Molefi Kete Asante é professor no Departamento de Estudos Afro-Americanos da Temple University (Filadélfia/EUA). Publicou 67 livros. Asante completou o seu Mestrado em Pepperdine e recebeu seu Doutorado pela Universidade da Califórnia aos 26 anos de idade e nomeado professor titular da Universidade Estadual de Nova Iorque aos 30 anos de idade. Na Temple University, criou o primeiro Programa de Doutoramento em Estudos Afro-Americanos, em 1987. Já orientou mais de 140 teses de doutorado. Escreveu mais de 300 artigos para jornais e revistas e é o fundador da teoria da afrocentricidade. Nasceu em Valdosta, Geórgia, nos Estados Unidos, de descendência nigeriana. É poeta, dramaturgo e pintor. Trabalha com línguas Africanas, multiculturalismo e cultura humana e filosofia e tem sido citado por revistas de temas afro. Considerado como um dos "100 maiores pensadores" da América. Ganhou mais de 100 prêmios nacionais e internacionais, incluindo três graus honoríficos. Dr. Asante é o editor-fundador do Jornal de Estudos Negros (1969) e foi presidente da organização de direitos civis, o Comitê de Estudantes Contra a Violência, em 1960. Em 1995, foi feito rei em Tafo (Gana).

o movimento negro mundial se fortaleceu na década de 1960 e, associado aos estudos pós-coloniais (1970), gerou o conceito de afrocentricidade. Renato Nogueira dos Santos Júnior afirma que foi Asante quem deu tratamento teórico sistemático ao conceito de afrocentricidade:

> *Deve-se enfatizar que afrocentricidade não é uma versão negra do eurocentrismo (Asante, 1987). Eurocentrismo está assentado sobre noções de supremacia branca que foram propostas para proteção, privilégio e vantagens da população branca na educação, na economia, política e assim por diante. De modo distinto do eurocentrismo, a afrocentricidade condena a valorização etnocêntrica às custas da degradação das perspectivas de outros grupos. Além disso, o eurocentrismo apresenta a história particular e a realidade dos europeus como o conjunto de toda experiência humana (Asante, 1987). O eurocentrismo impõe suas realidades como sendo "universal", isto é, apresentando o branco como se fosse a condição humana, enquanto todo não-branco é visto como um grupo específico, por conseguinte, como não-humano. O que explica porque alguns acadêmicos e artistas afrodescendentes se apressam por negar e recusar sua negritude; elas e eles acreditam que existir como uma pessoa negra significa não existir como um ser humano universal. Conforme Woodson, elas e eles se identificam e preferem a cultura, arte e linguagem europeia no lugar da cultura, arte e linguagem africana; elas e eles acreditam que tudo que se origina da Europa é invariavelmente melhor do que tudo que é produzido ou os assuntos de interesse de seu próprio povo.*[9]

---

9 ASANTE APUD SANTOS JÚNIOR, Renato Nogueira dos. Afrocentricidade e educação: os princípios gerais para um currículo afrocentrado. Revista África e africa-

Elisa Larkin do Nascimento resume dizendo que "*consiste na construção de uma perspectiva teórica radicada na experiência africana, síntese dos sistemas ontológicos e epistemológicos de diversos povos e culturas.*"[10]. A afrocentricidade surge então como uma crítica ao eurocentrismo, não como negação do que é europeu, mas como "*um tipo de pensamento, prática e perspectiva que percebe os africanos como sujeitos e agentes de fenômenos atuando sobre sua própria imagem cultural e de acordo com seus próprios interesses humanos*"[11] sem desprezar os saberes de outros povos. Assim, o paradigma da afrocentricidade se torna essencial para a construção deste trabalho não apenas como um conceito sociológico, mas como uma categoria de análise e metodologia hermenêutica. É com esta lente que nos apropriaremos das obras literárias das quais dispomos para a construção da pesquisa.

Será impossível também, no decorrer do trabalho, não explorar a interdisciplinaridade. Por isso utilizaremos como referencial teórico a dinâmica cultural da análise histórica com a abordagem crítica dos Estudos Pós-Coloniais. O pós-colonialismo é um conjunto de teorias que analisa os efeitos políticos, filosóficos, artísticos e literários deixados pelo colonialismo nos países colonizados. Segundo Cláudia Álvares:

> *A Teoria Pós-Colonial, [...] traduz a sua herança crítica do Orientalismo sob a forma duma prática interdisciplinar, passando pela Filosofia, pela Historiografia, pelos Estudos Literários, pela Sociologia, pela Antropologia e pelas*

---

nidades. Ano 3, nº 11, novembro/2010. p. 3. Disponível em: <http://www.africaeafricanidades.com.br/documentos/01112010_02.pdf>. Acesso em: 08 jul. 2014.

10 NASCIMENTO, 1996. p. 36.

11 ASANTE, MOLEFI. AFROCENTRICIDADE: NOTAS SOBRE UMA POSIÇÃO DISCIPLINAR. IN: NASCIMENTO, ELIZA LARKIN. Afrocentricidade: uma abordagem epistemológica inovadora. Trad. Carlos Alberto Medeiros. São Paulo: Selo Negro, 2009. p. 93.

> *Ciências Políticas. Os teóricos pós-coloniais distinguem-se pela tentativa constante de repensar a estrutura epistemológica das ciências humanas, estrutura essa que terá sido moldada de acordo com padrões ocidentais que se tornaram globalmente hegemônicos devido ao fato histórico do colonialismo.*[12]

Nossa formação na área de História foi fundamentada na visão marxista da história, ou seja, no Materialismo Histórico. Este paradigma conceitual inaugura a "história vista de baixo", que a chamada Escola Marxista Inglesa renova pela valorização da "Cultura", não mais colocada como mero epifenômeno da "Economia", ou seja: a cultura é examinada como parte integrante do "modo de produção" e não como um mero reflexo da infraestrutura econômica de uma sociedade. Existiria, de acordo com essa perspectiva, uma interação e uma retroalimentação contínua entre a Cultura e as estruturas econômico-sociais de uma sociedade e a partir deste pressuposto desaparecem aqueles esquemas simplificados que preconizavam um determinismo linear muito presente no Materialismo Histórico. Para a Escola Inglesa, o modo de produção não se refere somente às esferas produtivas da economia, do trabalho e de suas relações sociais durante o processo de fabricação de produtos e mercadorias, ou melhor, de uma suposta "base econômica" que hierarquicamente determina a cultura. Referem-se verdadeiramente às maneiras como os sujeitos em suas relações sociais com os outros e com o ambiente (através de suas experiências) produzem cultura.

Para a análise e interpretação dos ritos do Batuque utilizamos Mircea Eliade, considerado um dos fundadores do moderno estudo da história das religiões e grande estudioso dos mitos, que elaborou uma

---

12 ÁLVARES, CLÁUDIA. Teoria Pós-Colonial: Uma Abordagem Sintética. In: COELHO, Eduardo Prado; MIRANDA, José Bragança de (org.). Revista de Comunicação e Linguagens. nº 28. Lisboa: Relógio d'Água, p. 222.

visão comparada das religiões, encontrando relações de proximidade entre diferentes culturas e momentos históricos. Para Eliade, a noção de sagrado está no centro da experiência religiosa do Homem. Ele nos servirá como ferramenta imprescindível para estabelecer relações comparadas entre o que produziu e as liturgias do Batuque. Ainda neste campo, utilizamos como referencial teórico para a análise teológica a Teologia da Cultura de Paul Tillich – que se aproxima da de Eliade –, pois nos afirma que a espiritualidade afeta profundamente todos os campos da dinâmica humana, constituindo mesmo numa ontologia, e nos mostra a correlação entre a preocupação do sujeito em Deus e as diferentes facetas da cultura.

De fato, temos sistematicamente fugido do termo "religião de matriz africana" e adotamos o termo "tradição de matriz africana", por entendermos que o conceito empregado para o termo "religião" no ocidente não contempla a dinâmica que realmente acontece nas comunidades terreiro. Estes espaços, que se ampliam para os espaços de convivência dos vivenciadores, são verdadeiros centro irradiadores de pressupostos civilizatórios, ou seja, é uma tradição que cria uma "*teia de significados*"[13] que constrói, molda os vivenciadores de forma objetiva na sua subjetividade[14], constituindo-o ontologicamente.

Existem muitos trabalhos desenvolvidos sobre as tradições de matriz africana, contudo a sua maioria são estudos dirigidos pela Antropologia ou Etnologia. Embora importantes, são base para suas áreas. Meu interesse é total no campo da Teologia, por isso me referirei apenas aos trabalhos realizados por teólogos. Verificando nos bancos de teses e dissertações de várias academias do país, nos deparamos com nada mais nada menos que zero em pesquisas desenvolvidas onde o tema central são as tradições de matriz africana nos últimos dez anos.

---

13 GEERTZ, CLIFFORD. A interpretação das culturas. Rio de Janeiro: Zahar, 1978.
14 BAUMAN, ZYGMUNT. Ensaios sobre o conceito de cultura. Trad. Carlos Alberto Medeiros. Rio de Janeiro: Zahar, 2012.

Estávamos presentes quando, em 2013, Letícia Araújo Alves defendeu sua dissertação de mestrado em Teologia pelas Faculdades EST; sua pesquisa foi na área de Religião e Educação, mas ainda não obtivemos acesso ao seu trabalho. Não revisamos trabalhos de conclusão de curso. Optamos por revisar obras de teólogos que tem como centro de suas pesquisas as tradições de matriz africana: Frei Raimundo Cintra, irmã Franziska C. Rehbein, Frei Volney J. Berkenbrock e Padre Paulo Cezar Loureiro Botas. Acrescento a estes a Etnóloga Juana Elbein dos Santos.

Raimundo Cintra é um frei dominicano, membro da Ordem dos Pregadores e sua obra *Candomblé e Umbanda: o desafio brasileiro*[15] é fruto de sua tese de doutorado em Teologia pela Faculdade de Teologia Nossa Senhora da Assunção, em 1978. O autor divide o trabalho em duas partes: na primeira faz um relato que chama de "síntese das conclusões históricas e socioculturais" sobre o Candomblé e a Umbanda, com ênfase no primeiro, descrevendo rituais e caracterizando essa tradição. Na segunda, o autor traz "a abordagem católica", ou seja, como a Igreja Católica se relacionou com as tradições de matriz africana ao longo da história sem perdoar os abusos cometidos em "nome de Deus". Contudo, percebemos que o trabalho é dirigido à Igreja no sentido de como deve ser seu relacionamento com outras tradições religiosas que, no decorrer do trabalho, o autor acredita serem incompletas.

A alemã radicada no Brasil, irmã Franziska Carolina Rehbein, é membro das Missionárias Servas do Espírito Santo da Igreja Católica e publicou o resultado de sua tese de doutorado em Teologia defendida na Faculdade de Teologia da Pontifícia Universidade Católica do Rio de Janeiro. Assim como Cintra, Rehbein divide *Candomblé e salvação: a salvação na religião nagô à luz da teologia cristã*[16] em duas partes: na

---

[15] CINTRA, Raimundo. *Candomblé e umbanda*: o desafio brasileiro. São Paulo: Paulinas, 1985. 167 p.

[16] REHBEIN, Franziska C. *Candomblé e salvação*: a salvação na religião nagô à luz da teologia cristã. São Paulo: Loyola, 1985. 313 p.

primeira traz valiosas contribuições para o entendimento teológico das tradições de matriz africana, embora não fuja das questões mais típicas da antropologia como a transcrição de ritos e de divindades. Na segunda parte, mais uma vez vemos um estudo sobre o cristianismo com ênfase em sua soteriologia de acordo com a Igreja Católica, onde podemos perceber uma supervalorização desta. No final, conclui que há uma soteriologia nagô embora (mais uma vez) incompleta, pois lhe falta a compreensão da mensagem de Cristo.

Volney José Berkenbrock é frei franciscano e professor na Universidade Federal de Juiz de Fora. Seu livro *A experiência dos Orixás: um estudo sobre a experiência religiosa no Candomblé*[17] também é fruto de sua tese de doutorado pela Friedrich-Wilhelm-Universität (Bonn, Alemanha) e segue o mesmo tom dos anteriores (é divido em duas partes, sendo a primeira um estudo histórico-sócio-antropológico sobre o Candomblé e a segunda versando sobre o relacionamento da Igreja Católica com esta tradição), contudo a visão crítica do autor sobre a atuação da Igreja ganha destaque. Ao contrário dos estudos anteriores que defendem o relacionamento entre a Igreja Católica e as tradições de matriz africana, mas que a entendem como incompleta, Berkenbrock prega a possibilidade de haver um relacionamento amigável entre as duas tradições sem que a Igreja procure uma intenção evangelizadora, verdadeiramente reconhecendo uma isonomia nas duas tradições. O título de nosso trabalho "*Não somos filhos sem pais*" foi extraído de um dos capítulos desta obra. Aqui há alguma crítica ao Candomblé sem, no entanto, interpretá-lo como falho ou incompleto.

O Padre Paulo Cezar Loureiro Botas é doutor em Filosofia, teólogo e diácono dominicano, além de possuir um título nobiliárquico no Ilé Àṣẹ Òpó Afọnjá, Candomblé de Salvador. Ele publicou, em

[17] BERKENBROCK, Volney J. *A experiência dos orixás*: um estudo sobre a experiência religiosa no candomblé. 2. ed. Petrópolis: Petrópolis, 1999. 470 p.

1996, o livro *Carne do sagrado, edun ara: devaneios sobre a espiritualidade dos orixás*[18], no qual reflete teologicamente sobre o Candomblé usando como referencial teórico e metodológico a Teologia sem, no entanto, estabelecer um comparativo ou algum outro tipo de relação com o cristianismo.

A obra da argentina radicada no Brasil Juana Elbein dos Santos, *Os nagô e a morte: pàdé, àṣèṣè e o culto égún na Bahia*[19], ainda que seja o resultado da tese de doutorado em Etnologia pela Universidade de Sourbonne, é verdadeiramente uma elaboração teológica. Santos é iniciada no Candomblé e foi várias vezes até a África para fazer suas pesquisas e assim desenvolver sua tese. Ela foi a primeira a buscar uma epistemologia africana para compreender o Candomblé, o que garantiu, ainda que não tenha percebido isto, elementos cruciais para o desenvolvimento de uma afroteologia.

Todas estas obras são importantes para a reflexão teológica das tradições de matriz africana, em especial para o Batuque. Elas aparecem como referenciais epistemológicos e algumas obras aparecem mais ou menos no decorrer do trabalho. Utilizamos como técnicas a pesquisa bibliográfica e a observação dos ritos por nós vivenciados. Por sermos vivenciadores e ocuparmos o lugar de sumo sacerdote de um terreiro na cidade de Porto Alegre, este trabalho também se inscreve numa perspectiva experiencial de reflexão teológica sob a luz de teóricos da Ciência Teológica.

---

[18] BOTAS, Paulo Cezar Loureiro. *Carne do sagrado*, Edun Ara: devaneios sobre a espiritualidade dos orixás. Koinonia Presença Ecumênica e Serviço/Vozes: Rio de Janeiro/Petrópolis, 1996. 96 p.

[19] Obra já citada.

A religião,
considerada preocupação suprema,
é a substância que dá sentido à cultura,
e a cultura, por sua vez,
é a totalidade das formas que expressam
as preocupações básicas da religião.

Paul Tillich[20]

---

[20] TILLICH, Paul. *Teologia da cultura.* São Paulo: Fonte Editorial, 2009. p. 83.

HISTÓRIA & CULTURA YORÙBÁ

INTRODUÇÃO

A África sempre teve a sua história negada e uma das alegações era o fato de serem um povo que não guarda sua história de forma escrita. A oralidade é a forma preferencial porque sagrada de os africanos narrarem sua história, por isso a falta de registro escrito, mas a compreensão europeia sobre a História se embasava totalmente em documentos materiais. Neste caso, a oralidade não era entendida como um documento devido ao entendimento de sua inconfiabilidade. Este deve ter sido um dos elementos que fizeram com que pesquisadores europeus alegassem que não há uma história da África senão aquela dos europeus neste continente[21].

Por outro lado, muitos pesquisadores se empenharam em comprovar que existe uma história da África através de estudos interdisciplinares. O esforço mais célebre neste sentido é o do Comitê Científico Internacional da UNESCO que construiu "*ao longo de 30 anos [1964-1999] por 350 pesquisadores, coordenados por um comitê científico composto por 39 especialistas, dois terços deles africanos*" que resultaram na coleção de oito volumes com cerca de mil páginas cada, intitulada *História Geral da África*, onde a "*história do continente [é] contada a partir*

---

[21] ÁFRICA: uma história rejeitada. Produção e direção: David Dugan. In: CIVILIZAÇÕES Perdidas. [S.I.]: Time-Life Vídeo, 1995. 10 videocassetes, VHS, v. 9 (47 min), NTSC, Son., Color. Título original: Lost civilizations. [também disponível em <http://youtu.be/vsIal27mtAA>. Acesso em 30/04/2014.]

da visão africana e sem o eurocentrismo que predomina na historiografia da região."[22] Apesar de negar o eurocentrismo, os artigos publicados seguem regras básicas do que é entendido por "ciência" pela Academia ocidental, por isso mesmo não oferece uma exposição da história da África, incluindo o aspecto religioso que é de vital importância para esse povo, pois permeia tanto sua vida social quanto a vida política e econômica. A proposta deste capítulo é apresentar essa História levando em consideração este aspecto.

Entretanto, não é nossa intenção neste trabalho dissertarmos sobre a história do continente africano. Sempre que estudamos a Mesopotâmia ou a Ásia, ou ainda a Europa, nos deparamos com grandes povos que habitavam aquelas regiões, sejam assírios, hebreus, hititas, caldeus ou persas; chineses, mongóis, japoneses ou siameses; romanos, gregos, cretenses ou indo-europeus; sempre os estudamos de forma individual. Ainda assim, no tocante a África, este vasto continente é tratado como se fosse um país em que todos são iguais: falam a mesma língua, têm os mesmos costumes, têm as mesmas crenças. Entendemos que isto faz parte de um projeto de descaracterização do povo africano ao negar-lhes sua própria história. Neste ínterim daremos ênfase a um grupo humano específico, os *yorùbá*, cuja vinda ao Brasil à época da escravatura fez surgir em nosso solo uma tradição comunitária e espiritual que enriqueceu as terras gaúchas.

Paul Tillich foi um teólogo luterano nascido na Alemanha e radicado nos Estados Unidos. Sua obra *Teologia da Cultura* é considerada uma das mais importantes para os estudos teológicos do século XX, pois afirma que a espiritualidade afeta profundamente todos os campos da dinâmica humana, constituindo mesmo numa ontologia; nos mostra

---

[22] COLEÇÃO História Geral da África em português comemora um ano com 390 mil downloads. ONUBR: Nações Unidas no Brasil. 13 de dezembro de 2011. Disponível em <http://www.onu.org.br/colecao-historia-geral-da-africa-em-portugues-comemora-um-ano-com-390-mil-downloads/>. Acesso em 30, abr. 2014.

a correlação entre a preocupação do sujeito em Deus e as diferentes facetas da cultura. Tillich procura diminuir "*a distância entre a fé e a cultura, mostrando que o físico e o material é profundamente afetado pela espiritualidade humana.*"[23] Então, se para Tillich a cultura é produto da religião quando esta é a "preocupação suprema" de uma sociedade, assim como o cristianismo moldou a cultura ocidental, os *Òrìṣà*, por serem a preocupação suprema dos *yorùbá*, moldaram a cultura desse povo.

1.1 A COSMOVISÃO YORÙBÁ

Muitos pesquisadores afirmam que a consciência da inevitabilidade da morte é o que nos levou a refletir sobre a vida e nos norteou na criação de religiões. Sabe-se que o homem de Neandertal (*homo sapiens neanderthalensis*[24]), por exemplo, cuidava muito bem de seus mortos, sepultando-os junto a utensílios e alimentos, o que sugere uma crença numa vida em outro mundo. Os africanos que viviam na mesma época, embora de outra espécie (*homo sapiens sapiens*), também percebiam que tudo tinha uma ordem que se aplicava tanto aos animais como a eles mesmos. Tudo nascia, crescia, vivia durante algum tempo e morria. Ver que tudo e todos sucumbem à morte ocasionou uma série de reflexões sobre a vida. Saber que as coisas tinham uma ordem sugere que esta ordem é de responsabilidade de alguém. Alguém invisível, mas que age na natureza. Alguém com poderes sobrenaturais, um Ser sobrenatural.

---

23 ARAÚJO, Glauber Souza. Paul Tillich e sua teologia da cultura. Correlatio, São Paulo, v. 9, nº 17, p. 178-187, 2010. Disponível em: <https://www.metodista.br/revistas/revistas-metodista/index.php/COR/issue/view/169>. Acesso em: 05 maio 2014.

24 O Homem de Neandertal (400 mil à ± 50 mil a.p.) foi contemporâneo do homo sapiens arcaico (500 mil anos a.p.) e do homem moderno (homo sapiens sapiens – 200 mil a.p.), embora só tenha surgido na Europa.

Todos estes fatos nos levam a crer que o homem em seus primórdios acreditava na existência de um ou mais seres sobrenaturais que causavam todos estes acontecimentos. Isto o levou a procurar ter influência sobre estes seres para que pudessem ter as suas atividades cotidianas concluídas com êxito.

Na época Neolítica, a coleta de alimentos foi aos poucos sendo substituída pela agricultura, assim como a caça pela criação de animais. Parece óbvio que à medida em que estas práticas se tornam estabelecidas pela humanidade, as plantas das quais os seres humanos e animais dependem para viver tornam-se importantíssimas. O ciclo agrícola torna-se fator dominante para as comunidades da época e alvo das manifestações religiosas e ainda hoje são encontrados em várias partes do mundo festivais e ritos para assegurarem bons resultados na colheita. Isto ocasionou uma maior dependência dos homens com os seres divinos, pois o processo agrícola é lento e independente do homem, deixando-o na passividade. Já a caça dependia muito da astúcia e da coragem do caçador, assim como de sua força e agilidade.

Com base nestes aspectos, acreditamos que os *yorùbá,* etnia que se estabelece no século V d.C. a sudoeste do rio Níger, onde hoje fica a Nigéria, constrói as bases de sua civilização totalmente sobre os pilares de sua cosmovisão. Para Rehbein, cosmovisão seria "*uma compreensão que diz respeito a tudo [...] que procura dar uma resposta às questões últimas do homem, no que diz respeito à sua origem e à sua meta final.*"[25] É uma "visão espiritual da vida" como afirma o papa Paulo VI em sua Carta Apostólica *Africæ Terrarum* ou, como nos ensina Paul Tillich, é a religião *yorùbá* que substancia sua cultura[26]. Na tentativa de compreendermos um pouco mais os aspectos de sua estrutura política, econômica e social, iremos "sobrevoar" os fundamentos de sua cosmovisão.

---

[25] REHBEIN, 1985. p. 21.
[26] TILLICH, 2009, p. 83.

1.1.1 Os Irúnmalẹ̀

Para os *yorùbá* a existência transcorre simultaneamente em dois planos: no Ayé e no Ọ̀run. O Ayé é o mundo material, palpável, onde vivem os àra-Ayé, os seres naturais. O Ọ̀run é o mundo imaterial, transcendente, onde vivem os àra-Ọ̀run, os seres sobrenaturais. Padres anglicanos traduziram Ọ̀run como Céu, o paraíso cristão, mas a noção de dupla existência do Céu cristão que é tanto mítico como físico não se encaixa na noção *yorùbá* de Ọ̀run, o céu físico nada tem a ver com o espaço mítico-espiritual, mas sim é apenas parte dele. Juana dos Santos nos explica isto:

> *[...] o espaço ọ̀run compreende simultaneamente todo o do àiyé, terra e céu inclusos, e consequentemente todas as entidades sobrenaturais, quer elas sejam associadas ao ar, à terra ou às águas, e que todas são invocadas e surgem da terra. É assim que os àra-ọ̀run são também chamados irúnmalẹ̀.*[27]

É no Ọ̀run que se encontra Olódùmarè (ou Ọlọ́run, Ọba-Ọ̀run etc.), o Ser Supremo dos *yorùbá* e detentor dos poderes que possibilitam e regulam toda a existência, tanto no Ọ̀run como no Ayé. Esses poderes foram transmitidos para os Irúnmalẹ̀, de acordo com suas funções. Os Irúnmalẹ̀, por sua vez, são divididos em dois grupos: os quatrocentos da direita e os duzentos da esquerda. Os números assinalados não significam, para os *yorùbá*, números regulares, limitados, mas sim, que o número duzentos represente, simbolicamente, um número grande e o quatrocentos um número muito grande[28]. O sentido

---

[27] SANTOS, 2002. p. 72.

[28] VERGER, Pierre Fatumbi. *Orixás*: deuses iorubás na África e Novo Mundo. 5. ed. Salvador: Corrupio, 1997. p. 21.

utilizado para "direita" e "esquerda" é muito profundo e exige um estudo pormenorizado que não caberia neste trabalho. A obra já citada de Juana Elbein dos Santos é excepcional e indispensável para essa compreensão.

1.1.1.1 Os Irúnmalẹ̀ da direita: os Òrìṣà Funfun

Os quatrocentos **Irúnmalẹ̀** da direita são os **Òrìṣà**, não os **Òrìṣà** como são conhecidos no Brasil, mas sim um grupo mais restrito. Seriam os **Òrìṣà Funfun**, ou **Òrìṣà** do branco, mais conhecidos no Brasil como **Òṣàálá**. Na África são chamados **Òrìṣàńlá** (grande **Òrìṣà**), **Ọbatálá** (rei do pano branco), ou ainda **Ọbarìṣà** (rei dos **Òrìṣà**). São divindades relacionadas à criação do mundo e dos homens.

Um **ìtàn**, história sagrada *yorùbá,* conta como se realizou essa façanha: **Olódùmarè** encarregou **Ọbatálá**, o senhor do pano branco, de criar o mundo e para isso lhe entregou o "saco da criação". **Ọbatálá** foi consultar **Ọ̀rúnmìlà**, que lhe recomendou fazer oferendas para ter sucesso na missão, mas **Ọbatálá** não levou a sério as prescrições de **Ọ̀rúnmìlà**, pois acreditava somente em seus próprios poderes.

Odùdúwà, o irmão mais novo, observava tudo atentamente e naquele dia também consultou **Ọ̀rúnmìlà**, que lhe assegurou que, se oferecesse os sacrifícios prescritos, seria o chefe do mundo que estava para ser criado, e assim o fez. Chegado o dia da criação do mundo, **Ọbatálá** se pôs a caminho até a fronteira do além, onde **Èṣù** é o guardião, e não fez as oferendas nesse lugar como estava prescrito. **Èṣù** ficou muito magoado com a insolência e usou seus poderes para se vingar de **Òṣàálá** provocando-lhe uma grande sede. **Ọbatálá** aproximou-se de uma palmeira e tocou seu tronco com seu bastão fazendo jorrar vinho em abundância, que bebeu até embriagar-se, adormecendo na estrada à sua. Quando se certificou do sono de **Òṣàálá**, **Odùdúwà** apanhou o saco da criação e foi a **Olódùmarè** lhe contar o ocorrido. O Ser Supremo viu o saco da criação em poder de Odùdúwà e confiou a ele a criação do mundo.

> *Com quatrocentas mil correntes Odùdúwà fez uma só e por ela desceu até a superfície de ocum, o mar. Sobre as águas sem fim, abriu o saco da criação e deixou cair um montículo de terra. Soltou a galinha de cinco dedos e ela voou sobre o montículo, pondo-se a ciscá-lo. A galinha espalhou a terra na superfície da água. Odùdúwà exclamou na sua língua: "Ilẹ̀ nfẹ́!", que é o mesmo que dizer "a terra se expande!", frase que depois deu nome à cidade de Ifẹ́, cidade que está exatamente no lugar onde Odùdúwà fez o mundo. Em seguida Odùdúwà apanhou o camaleão e fez com que ele caminhasse naquela superfície, demonstrando assim a firmeza do lugar. Ọbàtálá continuava adormecido. Odùdúwà partiu para a Terra para ser seu dono".*[29]

Ọbatálá despertou e, tomando conhecimento do ocorrido, voltou até Olódùmarè contando sua história. Olódùmarè, para castigá-lo, proibiu a ele e a todos os seus descendentes beber vinho-de-palma. Mas Olódùmarè deu outra missão a Ọbatálá: a criação de todos os seres vivos que habitariam a Terra, e assim Ọbatálá criou todos os seres vivos. Ele modelou em barro os seres humanos e o sopro de Olódùmarè os animou. O mundo agora se completara e todos louvaram Ọbatálá.

Segundo Verger "*os Òrìṣà funfun seriam em número de cento e cinquenta e quatro*"[30]. Estes Òrìṣà são cultuados, cada um, em uma

---

[29] PRANDI, Reginaldo. *Mitologia dos Orixás.* São Paulo: Companhia das letras, 2001. p. 503.
[30] VERGER, 1997, p. 254.

cidade diferente, onde ele pode ser o padroeiro dessa cidade, ou um Òrìṣà secundário. Entretanto, mesmo não sendo o padroeiro da cidade ou comunidade, Ele tem grande importância graças a sua relação com a criação, mantendo, assim, uma posição de destaque, possuindo um ritual próprio e sacerdotes próprios também[31].

Desenvolveram-se rituais muito semelhantes para estes Òrìṣà nas diferentes cidades em que se apresenta, o que nos leva a crer que estes Òrìṣà são os desdobramentos de um único (Òrìṣàńlá) cultuados em diferentes locais, e não divindades diferentes. Como divindades do branco, tudo o que for branco lhes pertence. Só se vestem com essa cor e seus pertences são marcados com pintas brancas. Os albinos, por terem a pele branca, são também consagrados a este Òrìṣà.

Com raríssimas exceções, estes Òrìṣà se apresentam como sendo muito velhos, lentos e sábios. Como todas as culturas antigas, existe também na África um grande respeito pelos mais idosos, graças a relação com a ancestralidade, cosmovisão que se evidencia na representação da maior divindade do panteão *yorùbá.*

São representantes do poder fecundador masculino, sendo considerados os pais da humanidade. Também são considerados como pais dos duzentos Irúnmalẹ̀ da esquerda. Então, concluímos que os Òrìṣà *Funfun* são os grandes senhores deste mundo (Ayé) e do outro também *(*Ọ̀run*).* Suas oferendas são constituídas por alimentos brancos ou claros. Os animais oferecidos em sacrifício são também de pelagem ou penugem branca e é muito utilizado como oferenda o *ìgbìn*, um caracol grande muito comum na região.

A cidade de Èjìgbò também tem um ritual específico para Òrìṣàńlá, lá chamado de Òrìṣà Ògiyán - Ọ̀ṣàgiyán no Brasil. Este Òrìṣà é muito específico, pois, ao contrário dos outros Òrìṣà

[31] Em todas as cidades *yorùbá*, independente do *Irúnmalẹ̀* padroeiro, existem templos para os *Òrìṣà Funfun* e para *Èṣù*, com ritos e sacerdotes distintos.

funfun, que são velhos e serenos, este é jovem e guerreiro. Seu nome deriva de Òrìṣàjiyán, "Òrìṣà-comedor-de-inhame-pilado", e segundo um ìtàn este Òrìṣà tem um apetite descontrolado por esta iguaria chamada iyán em *yorùbá,* sendo ele quem inventou o pilão para facilitar o seu preparo[32]. Ele também é entendido como o fundador da cidade de Èjìgbò e ancestral dos reis locais que ostentam o título de Eléjìgbò, o "Senhor de Èjìgbò". Este Òrìṣà *funfun* é considerado a divindade da cultura material, pois teria ensinado Ògún a lutar e a fazer as ferramentas de ferro, da mesma forma que o ensinou o cultivo da terra.

Ọrúnmìlà é outro dos Òrìṣà *funfun* que tem particularidades bem diferenciadas dos demais, possuindo as mais altas posições no panteão *yorùbá.* É a divindade da História e do destino dos homens. Um ìtàn conta como ele adquiriu esse conhecimento.

Ọbàtálá reuniu as matérias necessárias à criação do homem e mandou convocar seus irmãos Òrìṣà. Apenas Ọrúnmìlà apareceu, por isso Ọbàtálá o recompensou, permitindo que apenas ele conhecesse os segredos da construção do homem. Revelou a Ọrúnmìlà todos os mistérios e os materiais usados na sua confecção. Ọrúnmìlà tornou-se, assim, o pai do segredo, da magia e do conhecimento do futuro. Ele conhece as vontades de Ọbàtálá e de todos os Òrìṣà envolvidos na vida dos humanos. Somente Ọrúnmìlà sabe de que modo foi feito cada homem, que venturas e que infortúnios foram usados na construção de seu destino[33].

O sacerdote de Ọrúnmìlà é denominado Bàbáláwo, o pai para tudo. Ele utiliza o oráculo de *Ifá* para conhecer o destino dos homens e mulheres que o procuram. Os *yorùbá* não fazem viagens longas sem consultar antes o Bàbáláwo, e o consultam para saber o sexo dos

---

[32] PRANDI, 2001, p. 488.
[33] PRANDI, 2001, p. 447.

filhos antes de nascer e qual o seu destino. Dependendo da resposta dada pelo oráculo, ele terá sua vida conduzida para se tornar um mercador, lavrador ou sacerdote, antes mesmo de seu nascimento. **Ọ̀rúnmìlà** é o "*símbolo coletivo dos **Irunmalẹ̀***"[34], por isso não se manifesta em seus iniciados. Ele apenas se comunica conosco através do oráculo sagrado que pode ser o **Ọ̀pẹ̀lẹ̀**, o **Ikin** ou o **Mẹ́rìndínlógun**, o conhecido "jogo de búzios".

1.1.1.2 Os Irunmalẹ̀ da esquerda: os Ẹbọra

Os duzentos **Irunmalẹ̀** da esquerda são todas as outras divindades cultuadas pelos *yorùbá* – **Ògún**, **Ọya**, **Ṣàngó** *etc.*, e **Égún** (ancestrais) – e são chamados de **Ẹbọra**, divindades intermediárias entre **Ọlọ́run** e os seres humanos. Alguns **Ẹbọra** são objetos de culto de toda uma cidade. Quando essa cidade tem um soberano, os **Ẹbọra** servem para reforçar a autoridade do líder, que pode ser um rei (**Ọba**), um rico mercador (**Balẹ**) ou um chefe de aldeia. Entretanto, a grande maioria dos **Ẹbọra** está intimamente ligado à noção de família. Para Verger:

> *A família numerosa, originária de um mesmo antepassado, que engloba os vivos e os mortos. O orixá [**Ẹbọra**] seria, em princípio, um ancestral divinizado, que, em vida, estabelecera vínculos que lhe garantiam um controle sobre certas forças da natureza, como o trovão, o vento, as águas doces ou salgadas, ou, então, assegurando-lhe a possibilidade de exercer certas atividades como a caça, o trabalho com metais ou, ainda, adquirindo o conhecimento das propriedades das plantas e de sua utilização. O poder, àṣẹ, do ances-*

[34] SANTOS, 2002, p. 167.

> *tral-orixá teria, após a sua morte, a faculdade de encarnar-se momentaneamente em um de seus descendentes durante um fenômeno de possessão por ele provocada.*[35]

Estes seres excepcionais não poderiam simplesmente morrer, mas sim, transcender a morte de forma que não sobrasse nem mesmo um corpo para ser enterrado. Esta é a grande diferença entre os Ẹbọra divindades e os Ẹbọra ancestrais. Contudo, Santos questiona essa versão, pois acredita que:

> *Abrir uma discussão sobre a origem humana das divindades seria debater a gênese das teogonias, penetrar no domínio da teologia, do gnosticismo ou da psicologia e abrir um interrogante que atinge todas as religiões. São os deuses uma realidade extra-humana inapreensível ou projeções de nossas necessidades individuais e/ou coletivas?*[36]

Como estudantes de Teologia ficamos inclinados a concordar com Santos e rejeitar a versão dada pela Antropologia, de que seriam os Ẹbọra ancestrais divinizados. Cremos mesmo que são divindades criadas por Olódùmarè para desenvolver atividades específicas na Terra e que não devemos ler as Histórias Sagradas como meros mitos ou lendas, nem mesmo como história verídica. Grosso modo, pode-se dividir o estudo dos Ẹbọra em pequenos grupos para melhor entendimento, divisão esta pelas similaridades de arquétipo e funções sociais dessas divindades.

---

[35] VERGER, 1997, p. 18.

[36] SANTOS, 2002, p. 103.

1.1.1.2.1 Divindades da cultura material

Pode-se agrupar nessa categoria os Ẹbọra cujos cultos são indispensáveis para o bom andamento da vida cotidiana das pessoas. A agricultura foi a base da economia *yorùbá* até meados do século XIX, quando se descobriu petróleo na região. Assim divindades ligadas à agricultura tem grande destaque religioso.

Ògún talvez seja o Ẹbọra mais importante para o povo *yorùbá* e é cultuado por quase todo o território. Ògún é desbravador, conquistador, guerreiro feroz e destemido. Foi Òrìṣà Ògiyán quem lhe ensinou a lutar e a trabalhar com o ferro e com a agricultura, mas foi Ògún quem entregou os segredos dessa cultura aos homens. Por isso ele é chamado de Ògún Alágbèdẹ, o ferreiro. Ele confeccionava as ferramentas para poder cultivar a terra de forma que também ficou conhecido como a divindade da tecnologia agrícola, daí a importância desse Ẹbọra para todos os povos de língua *yorùbá*. Segundo as narrativas sagradas, é o filho primogênito de Odùdúwà (ou Òṣàálá), fundador do povo *yorùbá*. Em seus Oriki (louvações) podemos notar como Ògún inspira medo e força ao mesmo tempo:

Ògún lákáyé, oṣìn ímolẹ̀	Ògún força do mundo, divindade adorada.
Ò pon omi s'ilé f'ẹ̀jẹ̀ wè	Têm água em casa, mas se banha com sangue.
Ègbè l'ehin ọmọ kan	Perigo para o filho que não o segue
Nje níbo l'a ti pàdé ògún?	Onde podemos encontrar Ògún?
A pàdé Ògún nìbì ìjà	Onde houver briga
A pàdé Ògún nìbì ìta	Onde houver guerra
A pàdé rè níbi àgbàrá ẹ̀jẹ̀ nsan	Onde houver um rio de sangue
Bi ọmọdé ba dàlẹ̀	O recém-nascido pode trair tudo
Kí o má se dàlẹ̀ Ògún	Só não deve trair Ògún

Este oriki nos dá uma visão forte do que Ògún representa para os *yorùbá:* é o grande guerreiro ao qual até mesmo as pessoas que ignoram o mundo (o recém-nascido) devem temer e respeitar.

A caça também é motivo para cultos específicos, pois esses povos viviam em florestas e caçar era um fator importante na economia de subsistência. Ọdẹ é a divindade dos caçadores *yorùbá,* a quem pede-se proteção quando o caçador se embrenha na floresta em busca do alimento. O povo *yorùbá* é constituído por várias etnias que falam a mesma língua e possuem uma cultura semelhante, assim, existem várias divindades da caça que estão diretamente relacionados às famílias que os cultuam ou às cidades. Então temos: Ọ̀ṣọ́ọ̀sí em *Ketu*, onde foi rei, recebendo o título de Alaketu; Ijá em Ọ̀yọ́; Orè ou Orèluerè em Ifẹ; Ọtin em Inìṣà; Ẹrinlẹ e Ibualama em Ilobú na região de Ijẹ̀ṣà; Logúnẹ̀dẹ́ é o filho de Ẹrinlẹ e Ọ̀ṣun Ìpọndá, seu culto tem lugar na cidade de Ilẹ̀ṣà, capital do reino de Ijẹ̀ṣà.

1.1.1.2.2 Divindades da saúde

Claro que toda civilização antiga possuía uma ou mais divindades responsáveis, exclusivamente, pela saúde de seu povo. Entre os *yorùbá* não foi diferente e percebemos dois Ẹbọra bem distintos, que não têm nada em comum a não ser o fato de serem cultuados esperando-se a saúde física e, subsequentemente, a manutenção da vida.

Ọ̀sányìn é a divindade das plantas medicinais e litúrgicas. Segundo Verger "*o nome das plantas, sua utilização e as palavras (ofò), cuja força desperta seus poderes, são os elementos mais secretos do ritual no culto aos deuses yorùbá*"[37]. Ele vive na floresta em companhia de Arọní, um anãozinho com uma perna só, que fuma constantemente um cachimbo feito de caracol. Segundo Denise Martin:

---

[37] VERGER, 1997, p. 122.

> *A divindade yorùbá Ọ̀sányìn trouxe todas as plantas para a Terra com seus tons ricos e variados de flores verdes e coloridas. Ao fazer isso, Ele também trouxe para a Terra beleza e sacralidade, que não existia antes. Ele também trouxe os animais, mas é mais considerado pelas plantas. Um dia, Ifá pediu-lhe para remover ervas daninhas de um jardim; Ọ̀sányìn começou a chorar, pois as tais ervas eram medicinais. Desde então, Ọ̀sányìn é conhecido como o médico no reino de Olódùmarè.*[38]

Ọ̀sányìn tem um sacerdote próprio denominado Olọ̀sányìn, também chamado de Onísẹgún, curandeiro. Um fator importante é que os Olọ̀sányìn não entram em transe de possessão, eles adquirem a ciência do uso das plantas após longa aprendizagem.

O Ẹbọra Ṣànpọ̀nná conhece os segredos da vida e da morte, por isso ele é chamado de Ọmọlu, filho do senhor, ou Ọbaluayé, rei dono da terra. É a divindade das pestes, da varíola, das doenças de pele. Tem o poder sobre as doenças, tanto para afastar quanto para trazê-las, e cobre-se com um manto de palha da cabeça aos pés, pois sua pele é coberta de chagas e feridas. Carrega consigo um cetro, semelhante a uma vassoura, que se chama ṣàṣàrà, feito de palitos de dendezeiro. O vínculo de seu nome com as doenças faz deste Òrìṣà o protetor da saúde daqueles que o cultuam e faz com que seja constantemente procurado para resolver problemas ligados a esta área. A origem desse Ẹbọra

---

[38] The Yoruba divinity Osanyin brought all of the plants to Earth with their rich and varied shades of green and colorful flowers. In doing so, he also brought to the Earth beauty and sacred, which did not exist before. He also brought animals but is more regarded for plants. One day, Ifa asked him to weed a garden; Osanyin began crying because the weeds he was asked to remove were beneficial as medicine. Since then, Osanyin is known as the doctor in the kingdom of Olodumare. MARTIN, Denise. Agricultural rites. In: ASANTE, Molefi Kete; MAZAMA, Ama (org.). *Encyclopedia of African religion.* USA: SAGE Publication, Inc. 2009. p. 19. Tradução nossa.

está ligado ao oeste, mais precisamente ao Daomé, onde essa divindade é cultuada sob o nome de Sakpatá. Assim como os *yorùbá,* os daomeanos evitavam chamá-lo assim, preferindo invocá-lo como *Ainon,* que, como Ṣànpònná entre os *yorùbá,* significa Senhor da Terra.

1.1.1.2.3 Divindades dos rios

É interessante notarmos como os povos antigos sempre cultuaram, como divindades ligadas à fertilidade, divindades de rios. Enquanto o touro era cultuado como símbolo fecundador, por isso o seu sacrifício sobre a terra a ser semeada, o peixe é o símbolo da procriação, da multiplicidade e da filiação. A mulher, como ser que é fecundada e cujo fruto dessa fecundação é uma nova vida, está sempre ligada à fertilidade e a geração de vidas. Ora, isso não passou despercebido pelos africanos, daí os *yorùbá* possuírem várias divindades de rios ligadas à fertilidade tanto dos animais quanto dos seres humanos.

Entre elas, temos Ọya, a dona dos espíritos, senhora dos raios e tempestades. Ela é a divindade do rio Níger e tem o apelido de Yánsàn (contração de Ìyá = mãe / mẹ́sàn = nove), em alusão aos nove braços do delta desse rio. Diz-se que ela teve nove filhos, outra explicação para o apelido. As Histórias Sagradas dizem que Ọya foi uma princesa na cidade de Irá, na Nigéria. Uma dessas Histórias diz que seu marido, Ṣàngó, lhe enviou em missão para buscar uma caixa que ela, de forma alguma, poderia abrir; curiosa, Ọya abriu a caixa de onde saíram raios e trovões. Ṣàngó ficou furioso, mas teve que aceitar sua determinação de repartir o poder. Assim Ọya ficou com o relâmpago e Ṣàngó com o trovão. Ela é o arquétipo da mulher emancipada, independente. Ajudou Ṣàngó a conquistar os reinos que foram anexados ao Império Ọ̀yọ́. É a menina dos olhos de Ọ̀ṣàálá, seu protetor, e é a única divindade que entra no reino dos mortos por seu poder e ciência. Contudo:

> *Ọya é na verdade o oposto da morte, ela é simbolizada pelo ar que os seres humanos respiram, e pode perpetuar a vida ou a morte com sua ira (com furacões, tornados). Os praticantes da religião acreditam que Ela é a secretária de Olofim (Olódùmarè: Deus na tradição yorùbá), informando-o de todos os eventos terrestres. Porque este é o aspecto de Olódùmarè que governa os assuntos dos homens, Ọya também é uma mestra em disfarces.*[39]

Outra divindade de rio é Ọbà, que foi a terceira esposa de Ṣàngó. Um ìtàn fala de uma terrível rivalidade com Ọ̀ṣun, a segunda esposa. Sabendo do apetite de seu marido, procurava sempre surpreendê-lo com pratos de que gostasse. Um dia, Ọ̀ṣun resolveu pregar uma peça em Ọbà, e apareceu usando um lenço enrolado em volta da cabeça, escondendo as orelhas. Disse que havia preparado suas orelhas numa receita muito especial, e servido a Ṣàngó. Querendo agradar seu esposo, Ọbà resolveu imitar a rival: cortou uma de suas orelhas e preparou a receita a Ṣàngó. Ele ficou furioso e Ọbà, percebendo que havia sido enganada, entrou numa violenta luta corporal com Ọ̀ṣun. Mais irritado ainda, Ṣàngó soltava fogo pela boca e narinas. As duas mulheres, apavoradas, fugiram e se transformaram nos rios que levam seus nomes. No ponto onde os dois rios se encontram existem corredeiras e as ondas se agitam, numa lembrança da antiga disputa entre as divindades. Ọbà é a mais velha dos Ẹbọra femininos, e teria sido a primeira esposa de Ògún, posteriormente o abandonando por Ṣàngó.

---

[39] Oya is actually the opposite of death; she is symbolic of the air that humans breathe, and she can perpetuate life or death with her wrath (i.e., hurricanes, tornadoes). Practitioners of the religion believe she is Olofi's (Oludumare: God in the Yoruba tradition) secretary, informing him of all Earthly events. Because this is the aspect of Oludumare that governs the affairs of man, Oya is also a master of disguise. WRIGHT, Tyrene K. Oya. In: ASANTE; MAZAMA, 2009, p. 514-516. Tradução nossa.

Divindade do rio de mesmo nome, Ọ̀ṣun carrega consigo predicados de beleza, riqueza e a capacidade de proteção social. É uma ninfa da cultura *yorùbá,* cuja cidade, Oṣogbò, na Nigéria, está localizada às margens desse rio. Ela é a dona do ovo, a maior célula viva, pelo que mulheres que desejam ter filhos costumam fazer seus pedidos a Ọ̀ṣun. Os ìtàn narram que ela era a segunda mulher de Ṣàngó, tendo vivido antes com Ògún, Ọ̀rúnmìlà e Ọdẹ. Seu pai teria sido Òṣàálá.

Filha de Olókun, a senhora dos oceanos, Yemọjá é a divindade do rio Ogun (não o Ẹbọra) e é cultuada em Abẹ́òkúta. Um de seus orin nos mostra como ela é importante para seu povo:

Kíni jẹ́ kíni jẹ́ l'ódò	O que é feito nas águas do rio
Yemọjá o	Ó Iemanjá
A kọ ta pele gbé	Dá luz e crescimento
Ìyá orò 'mi o	Ó Mãe das águas sagradas

Divindade dos pântanos, Nàná Buruku representa a memória ancestral da humanidade é a mais antiga das divindades vindas do Oeste. Verger[40] dá pistas sobre a provável origem dessa divindade, que teria chegado a ocupar a posição de Ser Supremo entre os *ashanti.* Esta posição, ostentada e perdida para Òṣàálá, é, provavelmente, um resquício da época em que os africanos respeitavam a linhagem matriarcal de família, daí representar a memória ancestral do ser humano. Na liturgia dos sacrifícios a essa divindade, não se pode utilizar objetos feitos de metal (facas, por exemplo), mais um pressuposto para a crença de que essa divindade é anterior à idade dos metais nessa região. Como todas as divindades femininas, Nàná Buruku está ligada à água. As águas paradas e pântanos lhe pertencem, numa referência às águas primordiais de onde Ọbàtálá tirou o barro para fazer os seres humanos.

---

[40] VERGER, 1997, p. 236.

1.1.1.2.4 Outras divindades

Alguns Ẹbọra, por serem ligados a uma cidade ou ao coletivo, recebem tratamento especial, tendo sacerdotes e rituais específicos. Desses, explicitarei apenas aqueles cuja cultura se transpôs ao Brasil na época da escravatura.

Entre esses Ẹbọra temos Èṣù, que pertence tanto aos Irunmalẹ̀ da direita quanto aos da esquerda, pois serve de veiculação da força imaterial divina, o àṣẹ, entre os Òrìṣà e os Ẹbọra, "*intercomunicando todo o sistema*"[41]. Por isso é sempre o primeiro a ser cultuado nos rituais. Os sacrifícios e oferendas devem ser sempre feitos primeiro a Ele e a não observância desse dogma pode gerar diversos distúrbios. Èṣù é um dos únicos (se não o único) Ẹbọra que aparece nos rituais de todos os povos de África, chamado de *Pambu Njila* entre os *kimbundo* de Angola e *Lẹgba* entre os *fọn* do Benin. Também é chamado de Elegbàrá, o senhor da vida, pelos *yorùbá.* É a divindade da procriação, portanto da vida, e rege a fertilidade e a libido. É Èṣù quem permite que se possa extrair todo o prazer do amor. É o mensageiro dos Irunmalẹ̀, é ele quem leva as súplicas dos seres humanos ao Ọrun e traz as ordens e bênçãos dos Òrìṣà, tal qual o deus Hermes da mitologia grega, ou Mercúrio da Romana.

Èṣù é a liberdade, a procriação, o Òrìṣà do culto à beleza. Autêntico, verdadeiro, objetivo e flexível, através dos tempos e das culturas este Òrìṣà se manifesta de diferentes formas. Em um ìtàn, conta-se que uma mulher se encontra no mercado vendendo seus produtos; *Èṣù* põe fogo na sua casa, ela corre para lá, abandonando seu negócio. A mulher chega tarde, a casa está queimada e, durante esse tempo, um ladrão levou as suas mercadorias. Isso não teria acontecido se ela tivesse feito a Èṣù as oferendas e sacrifícios usuais.

---

[41] SANTOS, 2002, p. 75.

Òrìṣà da justiça, do trovão e do raio, Ṣàngó castiga mentirosos, infratores e ladrões. Por isso a morte pelo raio é considerada infamante, assim como uma casa atingida por uma descarga elétrica é tida como marcada pela ira de Ṣàngó. O ṣẹ̀rẹ̀, um chocalho feito de porongo alongado que quando agitado lembra o barulho da chuva, é um dos símbolos de Ṣàngó. Outro símbolo bem conhecido é o oṣé, um machado de duas lâminas que lhe dava grande poder. Garboso, é conhecido também como o "dono das mulheres". As Histórias Sagradas sobre esta divindade lhe atribuem poderes de conquista e de justiça, como também de fúria e virilidade. Elas sugerem que Ele teria vivido como um ser humano na Terra e se tornado o rei de Ọ̀yọ́, importante cidade para a estrutura da unidade política do povo *yorùbá*, como veremos mais adiante.

1.1.2 OS ANCESTRAIS

A maioria das religiões antigas venera, além das divindades, os ancestrais ou os espíritos dos ancestrais. Seus seguidores agradecem aos antepassados por terem deixado como legado o conhecimento sobre tecnologias, artes e tudo o mais que nos serve de base civilizatória. Ainda na Era Paleolítica Superior (30 a 10.000 a.C.) o *homo sapiens* tinha um ótimo relacionamento com seus avós, dos quais herdaram técnicas das mais variadas, além de que seus enterros eram bem mais elaborados com evidências de cerimoniais etc. Entre os *yorùbá* o culto aos ancestrais tem um destaque diferenciado, comparando com outras culturas.

Se nas demais religiões antigas o ancestral tem uma posição sempre presente no consciente coletivo da família ao qual pertence, sendo venerado e lembrado a todo o instante, na religião *yorùbá* o ancestral se materializa diante do devoto, que pode render suas homenagens diretamente a ele, inclusive tendo uma conversa pessoal, onde o ancestral expressa sua vontade e abençoa a família. Como vimos anteriormente, os Irunmalẹ̀ são divididos em dois grupos: os quatrocentos Irunmalẹ̀ da direita (Òrìṣà *funfun*) e os duzentos Irunmalẹ̀ da esquerda *(*Ẹbọra*)*. Entre os Ẹbọra estão, também, os Égún, os ancestrais.

> *"Enquanto os Irúnmalẹ̀-entidades-divinas, os òrìṣà, estão associados à origem da criação e sua própria formação e seu àṣẹ foram emanações diretas de Ọlọ́run, os Irúnmalẹ̀-ancestres, os ègún, estão associados à história dos seres humanos"*[42].

Embora antropólogos como Pierre Verger definam os Òrìṣà[43] como ancestrais divinizados, os *yorùbá* não os percebem assim. Para eles, existe uma grande diferença entre os Òrìṣà, entidades divinas, e os Égún, espíritos de seres humanos falecidos. Santos explica a diferença:

> *Se os pais e antepassados são os genitores humanos, os òrìṣà são os genitores divinos; um indivíduo será "descendente" de um òrìṣà que considerará seu "pai" – Baba mi – ou sua "mãe" – Ìyá mi – de cuja matéria simbólica – água, terra, árvore, fogo, etc. – ele será um pedaço.*
>
> *Assim como nossos pais são nossos criadores e ancestres concretos e reais, os òrìṣà são nossos criadores simbólicos e espirituais, nossos ancestres divinos. Assim cada família considerará um determinado òrìṣà como o patriarca simbólico e divino de sua linhagem, sem o confundir com seu ou seus ègún, patriarcas e genitores humanos, cultuados em assen-*

---

[42] SANTOS, 2002, p. 102.

[43] A partir daqui utilizaremos o termo "*Òrìṣà*" como genérico para todos as divindades *yorùbá*, quando nos referirmos a "*Òrìṣà funfun*" aí são os "quatrocentos *Irúnmalè* da direita".

> *tos, em datas e em formas bem diferenciadas. O culto dos òrìṣà atravessa as barreiras dos clãs e das dinastias. O òrìṣà representa um valor e uma força universal; o ègún um valor restrito a um grupo familiar ou linhagem.*[44]

Entre os Égún, assim como os Òrìṣà, existe uma divisão: há os da direita, masculinos; e os da esquerda, femininos. Os Égún masculinos são cultuados na sociedade Egúngún, onde têm seus assentamentos coletivos, ou seja, que os representa a todos, e os assentamentos particulares, que representam pessoas falecidas. Quando da materialização desses espíritos, recebem roupagens e nomes diferentes que os particularizam. O sacerdote chefe dessa sociedade é o Babaojé ou Alapini, que regula as ações dos Égún materializados mediante o uso do àtòrì[45], uma vara fina e longa com a qual bate constantemente neles.

Na sociedade Gẹ̀lẹ̀dẹ̀ são cultuados os ancestrais femininos, as poderosas Ìyá-mí Òṣòròngà. A organização dessa sociedade é desconhecida, no entanto sabe-se que seus assentamentos são sempre coletivos, e quando da sua manifestação representam a coletividade. Fazendo uma análise superficial do tema, parece que mais uma vez nos deparamos com a mudança da sociedade, que antes era matriarcal, para a patriarcal. Segundo as histórias sagradas *yorùbá*, eram as Ìyá-mí Òṣòròngà quem mandavam nos homens assustando-os com Égún, que era seu escravo. Foi Ọ̀rúnmìlà quem as enganou e destituiu-as desse poder, tornando-se, assim, o grande dono dos Égún.

---

[44] SANTOS, 2002, p. 103-104.

[45] De acordo com Santos (2002, p. 124-125), todos os ramos e galhos, tais como o àtòrì, podem também ser chamados de ìṣan. Já para Beniste (2008, p.206), o ìṣané uma vareta de madeira extraída da árvore àtòrì. No Candomblé os àtòrì são feitos de galhos da amoreira (Morus alba), enquanto no Batuque é do marmeleiro (Cydonia oblonga).

1.1.3 Ritos e liturgias

Segundo Verger[46], a semana *yorùbá* tem quatro dias, sendo que um deles é chamado Ọ̀sẹ̀. Ele traduz Ọ̀sẹ̀ como domingo, definindo-o como o dia consagrado ao Òrìṣà. Há os pequenos domingos (Ọ̀sẹ̀ kékeré), quando são renovadas as oferendas incruentas, das quais falarei mais adiante, e os grandes domingos (Ọ̀sẹ̀ ńlá). Nestes últimos, são realizadas procissões onde o assentamento do Òrìṣà é lavado com água da nascente de um rio e, posteriormente, são imolados animais que se tornam o prato principal de um banquete comunal nessa "*economia teologal*"[47], acompanhados de grandes festas coletivas, muitas vezes patrocinados pelo rei local ou dono de mercado, onde os Òrìṣà podem se manifestar em seus neófitos, dançar entre seus descendentes e abençoar todas as pessoas que estiverem presentes.

Existem vários tipos de oferendas destinadas às divindades e aos antepassados. Os *yorùbá* eram agricultores ou pastores, por isso as oferendas se constituírem da mesma forma; quando os *yorùbá* faziam a colheita, o primeiro prato era para a divindade da família ou da cidade ou comunidade. Da mesma forma quando pretendiam fazer, por exemplo, uma comida a base de galinhas: antes de comer o animal, devia-se sacrificá-lo aos Òrìṣà, para, daí sim, poder consumir sua carne. Para os *yorùbá* todo ser vivo foi criado por Ọ̀ṣàálá, portanto sua vida devia ser respeitada. Para poder se alimentar, o *yorùbá* deve primeiro devolver aos Òrìṣà o àṣẹ, a energia vital divina; assim, ao consumi-la, ele está em comunhão com a própria divindade. Da mesma forma ocorre com os vegetais: a terra, da qual se planta e se colhe, da qual se extrai o alimento, é sagrada, pois foi Odùdúwà quem criou. Os homens podem usá-la, mas nunca a possuir.

---

[46] VERGER, 1997, p. 88.

[47] DUSSEL, Enrique. Oito ensaios sobre cultura Latino-Americana e libertação. São Paulo: Paulinas, 1997. p. 154.

As grandes festas públicas são patrocinadas pelos reis, como devolução dos tributos pagos pelo povo. Nelas são homenageados os Òrìṣà da cidade, ocasião em que vêm autoridades de cidades vizinhas para congratular o rei e seu povo. Os sacerdotes fazem dos sacrifícios um grande banquete, acompanhado de muitos legumes, verduras e frutas, e o povo se farta em agradecimento às bênçãos das divindades e de seu descendente vivo, o rei. Os próprios Òrìṣà se apresentam: primeiro Èṣù, manifestado em *oluponán*, seu sacerdote; depois os outros Òrìṣà: Ògún, Ṣàngó, Ọya e, por fim, Òṣàálá. Existem dois grupos bem definidos: os sacerdotes, Alàṣẹ, são saudados *kabiesi*, a mesma saudação aos reis, o que mostra a importância desse cargo. Depois os Ìyàwórìṣà, as "esposas" do Òrìṣà. Apesar do nome, os Ìyàwórìṣà ou Ìyàwó, podem ser homens ou mulheres, isto porque o neófito está sujeito ao Òrìṣà do qual é consagrado, não tendo nenhuma outra conotação. Os Ìyàwó são em grande número e foram todos iniciados por um Alàṣẹ. Em alguns casos, o Òrìṣà pode se manifestar em vários Ìyàwó ao mesmo tempo; em outros lugares, apesar de todos serem suscetíveis a manifestação do Òrìṣà, ele manifestará apenas em um.

Clyde W. Ford, diretor fundador do IAM – Institute of African Mithology, em Washington, empenhou-se em analisar a simbologia da mitologia africana para alicerçar suas ideias de resistência afrodescendente contra o sistema racista dos Estados Unidos:

> *[...] essas aventuras de heróis são mais do que o enredo da história; elas falam, por metáforas, da aventura humana pela vida. Os desafios do herói são nossos [...] Assim, muitos traços que o herói demonstra para responder os desafios da jornada simbolizam aqueles recursos pessoais a que todos nós devemos recorrer para enfrentar os desafios da vida.*[48]

[48] FORD, Clyde W. *O herói com rosto africano*: mitos da África. São Paulo: Selo Negro, 1999. p. 31.

1.2 Sistema Sócio-Político e sua Relação com a Cosmovisão

Existe um profundo vínculo entre o cenário geográfico africano e os eventos históricos que nele se desenrolam. A região estudada é a denominada Golfo da Guiné, parte sul da África Ocidental, que reúne os atuais Costa do Marfim, Gana, Togo, Benin, Nigéria e Camarões. A região dominada pelos *yorùbá* vai do oeste do rio Níger (sudoeste da Nigéria) até o sul e região central do Benin, uma geografia bastante singular, com as encostas banhadas pelo Oceano Atlântico.

Na parte nigeriana observamos três regiões: um cinturão costeiro, de manguezais e áreas pantanosas; para além das terras baixas da costa, surge o vale do rio Níger; a região seguinte é a savana, que alcança a área semidesértica do Sahel[49], no extremo norte. A costa de Benin é uma barra arenosa e regular, batida por fortes ondas e sem portos naturais. Atrás da barra, há uma série de lagoas de pouca profundidade nas quais deságuam os rios. Em direção ao norte, estende-se uma região de terras baixas bastante férteis. Ao longo da costa o clima é equatorial, com fortes precipitações. Até o norte, a massa de ar continental tropical leva ventos secos e carregados de poeira; a temperatura e as precipitações, que são muito menores que no sul, variam com a estação. O sul está coberto pelos restos de uma densa selva tropical. Na montanha e na savana predomina uma pradaria de árvores resistentes como o baobá e o tamarindo; no noroeste do Sahel prevalece uma vegetação semidesértica. Nas regiões pantanosas e de selva podem se encontrar crocodilos e serpentes. Os grandes mamíferos africanos desapareceram; restam alguns antílopes, camelos e hienas.

Os aspectos geográficos são importantes para definirmos vários pontos com relação ao desenvolvimento deste povo. Estudiosos da cul-

---

[49] Vegetação de planície relativamente dispersa, composta por ervas e arbustos.

tura como Stuart Hall e Homi K. Bhabha defendem que a cultura se estabelece como um paradigma construtor de verdades que internalizam num povo elementos constitutivos para a sua própria sobrevivência. Historiadores marxistas da escola cultural inglesa como Christopher Hill, Edward Palmer Thompson, e Eric Hobsbawm defendem que a cultura faz parte do modo de produção e não apenas como figura superestrutural à parte do processo econômico. Temos traduzido isso da seguinte maneira: se a economia for o motor da história, a cultura é o lubrificante que faz ele funcionar perfeitamente. Obviamente não estou me referindo à economia política, esta que está aí colocada como padrão para um mundo globalizado, secularizado e governado pelo Mercado, mas sim pela economia no seu sentido mais primitivo, como o οικονομία, ou seja, nos "cuidados com nossa casa". À economia que está no âmago das sociedades mais antigas, que é a própria sobrevivência e que se relaciona com o trabalho humano.

A relação do homem com a natureza é o trabalho (em hebreu, habodah), o esforço inteligente que o homem realiza para transformar a mera natureza (a "terra") [ou οἶκος] e produzir um "fruto". Na Bíblia, o fruto do trabalho por excelência é o "pão" – por tratar-se de uma cultura mediterrânea do trigo. Por isso, a eucaristia supõe materialmente a existência do "pão", mas seu estatuto próprio é econômico. A relação econômica, como nós a entendemos, é uma relação "prático-produtiva". A relação "prática" é a que se estabelece entre duas pessoas (alguém-alguém: o homem-Deus). A relação "produtiva", como dissemos, é a relação homem-natureza. Assim, a eucaristia é uma relação entre os dois pelo produto do trabalho (relação econômica, então).[50]

Então a economia se estabelece na relação homem-Deus, sendo importante para a religião, que por sua vez substancia a cultura que, ao seu tempo, fortalece a economia. É um círculo que se retroalimenta,

---

[50] DUSSEL, 1997, p. 153-154.

mas não é um círculo fechado, pode se ramificar, se tornar dinâmico e complexo quanto mais complexa for a civilização. Historiadores marxistas, como Ciro Flamarion Cardoso, defendem que foi necessário que os judeus não possuíssem uma suinocultura, pois esta exige sedentarismo, enquanto os judeus tinham que ser nômades para continuarem sua busca pela Terra Prometida. Também vemos isto entre os guaranis, cuja economia nômade não permitiu o desenvolvimento de agricultura, sendo principalmente caçadores e coletores. Sua religião os forçava ao nomadismo na intenção de encontrar a Terra sem Males. Na visão marxista é a economia que provocará a criação da religião como forma legitimadora dela mesma, mas fundamentados em Tillich, notamos nestes exemplos formas de a humanidade buscar sua sobrevivência de forma a não macular o que suas divindades lhes determinam. Suas divindades figuram como sua preocupação suprema e, por isso, adaptam sua economia aos ditames religiosos.

Outra evidencia disso é o do churrasco como oferendaaà Ògún no Batuque do Rio Grande do Sul. O culto a essa divindade em África exigia oferendas de inhame cozido, mas no Brasil este tubérculo era inexistente e logo foi substituído pela feijoada (alimento típico dos escravizados na época) na Bahia e pelo churrasco no Rio Grande do Sul. É quase certo que o churrasco, que tem origem guarani, tornou-se oferenda no período da Revolta Farroupilha (1835-1845), onde os negros que participaram do conflito como lanceiros pediam proteção ao Òrìṣà da guerra lhe oferecendo o que tinham a sua disposição nos acampamentos. Assim o churrasco se tornou oferenda à Ògún.

1.2.1 A ECONOMIA

Os espaços disponíveis do continente africano deixaram sua marca na vida econômica de muitos povos que não se preocuparam com os cuidados indispensáveis a manutenção da fertilidade da terra.

> *"Desta pouca valorização do solo deflui uma importante consequência de ordem econômica, social e política: o maior valor atribuído ao trabalho humano, à mão de obra. Possuir homens que trabalham é mais importante que possuir terras".*[51]

Como vimos, os *yorùbá* não tinham a noção de propriedade do solo porque ele era obra das divindades, portanto não pertencia a ninguém e seu uso era coletivo. Entretanto, a escravidão nunca foi um modo de produção na África pré-colonial, o escravizado era entendido como mais uma pessoa para trabalhar a terra. De fato, ele trabalhava lado a lado com seu senhor, que não se percebia como seu dono, mas sim como seu responsável. Aos poucos os povos que vivam na região dos *yorùbá* foram abandonando a caça e a coleta para se dedicarem ao pastoreio e ao cultivo, principalmente, de tubérculos.

Todos sabemos que o trabalho com a terra é árduo, sacrificante, e muitas vezes improdutivo, quando de manifestações violentas da natureza. Os chefes de família possuíam muitas mulheres, para, assim, terem muitos filhos para trabalhar a terra. Às vezes os filhos não eram suficientes, então se faziam guerras para trazer um espólio de cativos para aumentar a produção. Importante, porém, frisar que nessa época não houve um modo de produção escravista, mas sim uma relação escravista de produção, muito semelhante à escravidão patriarcal dos gregos. A agricultura era a base econômica das comunidades, quase toda de tubérculos: inhame, taro[52] e mais tarde a mandioca; o sorgo[53], vários tipos de arroz, bananas e feijão; a exploração da noz-de-cola, do amendoim e do dendezeiro era para a fabricação de óleos (que mais tarde lubrificariam os maquinários britânicos), assim como a palmeira.

---

[51] GIORDANI, Mário Curtis. *História da África*: anterior aos descobrimentos. Petrópolis: Vozes, 1993. p. 36.

[52] Espécie de inhame branco.

[53] Espécie de milho pequeno; milhete.

O surgimento da agricultura, todavia, não extinguiu outras formas de subsistência. O caçador ocupa um lugar de prestígio na sociedade e, frequentemente, os reis se afirmam descendentes de grandes caçadores. A pesca, obviamente, também fazia parte do cotidiano iorubá; existem muitos rios e lagos na região, além do mar que proporcionava grandes quantidades de pescado. A coleta também resistiu, contudo, se referia não só a vegetais, mas também a de origem animal. "*Lagartas, formigas, gafanhotos e tartarugas, bem como mel, nenhum deles desprezado na luta diária pela subsistência*"[54]. Todos esses artigos tinham relações com as divindades, de forma que a produção era autorregulada para não desagradar as divindades. É uma "economia teologal" no dizer de Dussel, como já alegamos antes, pois "*o culto ou serviço divino é oferecimento do produto do trabalho.*"[55] Os produtos eram oferecidos em um mercado cuja importância é grande entre os *yorùbá*, tendo o seu dono um título comparável ao de um soberano. Verger (1997: 141) nos dá a seguinte explicação:

> *O mercado, na região iorubá, tem a mesma função do Agora dos gregos ou o Fórum dos romanos: um lugar de reunião, onde todos os acontecimentos da vida pública e privada são mostrados e comentados. Não há nascimento, casamento, enterro, festa organizada por grupos restritos ou numerosos, iniciação ou cerimônia para os orixás, que não passem pelo mercado.*[56]

O mercado é o centro das relações comerciais locais. As famílias produzem artigos cujo excedente é comercializado no mercado de uma cidade. Cada cidade possui o seu mercado que se relacionam entre si

---

[54] PARKINGTON apud GIORDANI, 1993. p. 140.
[55] DUSSEL, 1997, p. 154.
[56] VERGER, 1997, p. 141.

mediante uma grande rede que liga os *yorùbá* a outros povos tão longínquos quanto os árabes, por exemplo. O sistema de mercado *yorùbá* é, então, um misto de comunismo primitivo, tributarismo e comércio à longa distância. Samir Amin chama este tipo de sistema mercantil de "tributário-comerciante" e nos explica que as sociedades fundadas sob este tipo "*dependerão então da monopolização do controle das relações que as outras formações (onde se gera um excedente originário transferido) têm por seu intermédio.*" e que as relações podem ser invertidas: "*a escala da formação, o excedente transferido alimenta os circuitos secundários (de produção mercantil simples etc.) e pode ser extraído um tributo pelo Estado-classe dominante sobre este excedente transferido*"[57].

1.2.2 SISTEMA POLÍTICO

Desde o ano 1000 já se contam diversos reinos *yorùbá*. Cada um centrava-se numa cidade-capital onde famílias de agricultores, sacerdotes, comerciantes e artífices viviam sob a soberania de reis locais, que acreditavam ser descendentes de Odùduwà. Os *yorùbá* possuíam uma organização política semelhante às cidades-Estado gregas, como assinala Mário Maesti[58]. É importante entendermos que nunca houve uma unidade política bem definida e a designação de Império *yorùbá* é equívoca. Os *yorùbá* constituíam, verdadeiramente, uma unidade cultural e tinham ligações religiosas, persistentes ainda hoje. Basil Davidson afirma que:

> *A cidade de Ifé tornou-se o modelo segundo o qual foram concebidas todas as outras cidades yorùbá. Cada uma des-*

---

[57] AMIN, Samir. *O desenvolvimento desigual*: ensaio sobre as formações sociais do capitalismo periférico. Rio de Janeiro: Forense Universitária, 1976. p. 14-15.
[58] MAESTRI, Mário. *História da África negra pré-colonial.* Porto Alegre: Mercado Aberto, 1988. p. 54.

> *tas cidades era dividida em bairros governados por um chefe seccional. Cada uma das cidades possuía os seus nichos sagrados, o seu palácio real, as suas praças de mercado, os seus lugares de reunião, onde o governo da cidade podia tratar dos seus assuntos e o povo discutir as novidades do dia. Cada uma delas tornou-se famosa pelos seus artífices, que trabalhavam em diversos ofícios. Uns especializavam-se na tecelagem e tintura do algodão, outros na metalurgia ou no comércio longínquo. Desta maneira os muitos reinos dos yorùbá estavam unidos por uma rede de crenças e interesses comuns.*[59]

As cidades-Estado eram governadas pelos reis que organizavam, principalmente, as relações entre as pessoas. Para isso, ele possuía uma série de dignitários que formavam sua corte como conselheiros, sacerdotes, representantes do povo etc. Os reis e os sacerdotes viviam dos tributos cobrados ao povo, moderados, pois não havia um poder coercitivo forte. As pessoas acreditavam que o rei era o descendente vivo da divindade patrona da cidade, daí os tributos serem pagos de maneira espontânea, crença embasada na História Sagrada sobre a origem dos *yorùbá*[60]. Entretanto, por trás dessa História, existe uma outra que alguns autores, como Verger, defendem ser verdadeira:

> *Ọbàtálá teria sido o rei dos igbôs, uma população instalada perto do lugar que se tornou mais tarde a cidade de Ifé. [...] Durante seu reinado, ele foi vencido por Odùdúwà, que encabeçava um exército, fazendo-se acompanhar de dezesseis personagens, cujos nomes variam segundo os auto-*

[59] DAVIDSON, Basil. *À descoberta do passado de África*. Lisboa: Sá da Costa, 1981. p. 126.

[60] Ver item 1.1.2.1.

> *res. Estes são conhecidos pelo nome de* awòn agbàgbà, *"os antigos".*[61]

Ainda segundo Verger, após Odùdúwà ter se instalado como rei de *Ifẹ́*, mandou seus filhos conquistarem outras regiões, criando vários reinos ligados a *Ifẹ́*. Após a sua "morte", a figura de Odùdúwà se confundiu com a de Ọ̀ṣàálá e acabou sendo cultuado como um Òrìṣà, assim como seus filhos, reis em outros locais, deixando seus descendentes como reis que se sucedem, geração após geração, até hoje. Contudo há uma confusão em torno da figura de Odùdúwà. Em seu livro *Os nagô e a morte...* Juana Elbein dos Santos apresenta Odùdúwà como figura feminina, que auxilia na criação da Terra, inclusive enganando Ọ̀ṣàálá. Pierre Verger publica um artigo[62] que não só a contrapõe, como ainda alega uma improbidade científica de sua tese que Santos replica, na mesma revista, com um argumento denunciador da colonialidade de que os estudiosos sobre as tradições de matriz africana têm se valido para se manter em lugar cômodo[63]. Mas uma luz nessa questão pode ser lançada a partir de estudos de Maulana Karenga, doutor em Ciência Política e em Ética Social e professor da *California State University*. Para Karenga, Odùdúwà era uma divindade feminina adorada em *Ifẹ́*, cidade invadida e dominada por um guerreiro poderoso que, então, adotou o nome dessa divindade para se legitimar no poder e perpetuar seus filhos.[64]

---

[61] VERGER, 1997, p. 253.

[62] VERGER, Pierre. Etnografia Religiosa Iorubá e Probidade Científica. *Religião e Sociedade*, n. 8, Julho de 1982. Disponível em: <https://culturayoruba.files.wordpress.com/2014/07/etnografia-religiosa-ioruba-e-probidade-cientifica-pierre-verge1.pdf>. Acesso em: 11 set. 2014.

[63] SANTOS, Juana Elbein dos. Pierre Verger e os resíduos coloniais: o outro fragmentado. *Religião e Sociedade*. n. 8, Julho de 1982. Disponível em: < http://culturayoruba.wordpress.com/pierre-verger-e-os-residuos-coloniais-o-outro-fragmentado/>. Acesso em: 11 set. 2014.

[64] KARENGA, Maulana. Oduduwa. In: ASANTE; MAZAMA, 2009. p. 474-475.

A religião *yorùbá* era uma espécie de política prática, a qual da mesma forma que outorga o poder aos reis, também regula a sua administração. O rei que for entendido como mau, ou seja, que permitiu que sentimentos mundanos influíssem no seu governo deixando o bem estar de seus súditos em segundo plano será, de acordo com as normas estabelecidas pelos ancestrais, destituído de seu cargo pelo próprio povo o que, inclusive, pode significar a sua morte por suicídio.

Ifẹ́, ao sul de Ọ̀yọ́, é a cidade sagrada, sede do *Oni,* rei do local e chefe religioso dos *yorùbá.* A soberania política pertencia ao **Alafin** que residia em *Ọ̀yọ́*, mas seu poder podia ser extinto pelo *ogboni,* espécie de senado de notáveis. No final do século XVII, Ọ̀yọ́ havia agregado ao seu reino, grande parte da região oeste do rio Níger, o norte da floresta e os bosques esparsos do Daomé. Esse reino, convencionalmente chamado de Império de Ọ̀yọ́, durou mais de cem anos.

1.2.3 Sociedade

Pierre Bertoux, professor universitário que chegou a ser senador no Sudão francês (hoje República do Mali), diz que "*o povo dos iorubás é o único povo negro que tendeu espontaneamente para aglomerar-se em grandes cidades, o único cuja realização política teve uma base urbana*".[65] Embora os *yorùbá* fossem predominantemente agricultores, eles não moravam na roça. Moravam nas cidades e iam, todos os dias, trabalhar nas lavouras que ficavam a alguns quilômetros da cidade e à noite voltavam para seus lares. Suas vidas eram ditadas pela religião, não havia ambições políticas ou mesmo comerciais. Verger diz que:

> *No momento do nascimento de uma criança, os pais pedem ao babalaô para indicar a que odu a criança está ligada. O*

---

[65] BERTOUX apud GIORDANI, 1985, p. 114.

> *odu dá a conhecer a identidade profunda de cada pessoa, serve-lhe de guia na vida, revela-lhe o Òrìṣà particular, ao qual ela deve eventualmente ser dedicada, além do da família, e dá-lhe outras indicações que a ajudarão a comportar-se com segurança e sucesso na vida.*[66]

O *Bàbáláwo* afirmava o que a criança se tornaria. Um artífice, mercador, sacerdote ou agricultor. De certa forma o *Bàbáláwo*, mais importante do que prever o destino dos homens, organizava a sociedade de forma a manter a coesão social e política das comunidades, daí o cargo de *Bàbáláwo* ser tão importante quanto o do próprio rei.

Um fato importante para o desenvolvimento da civilização *yorùbá* é a metalurgia do ferro (500 a.C.). Giordani nos lembra que "*o conhecimento da metalurgia revolucionou profundamente o modo de vida dos povos da savana e da floresta: aumentou consideravelmente a eficácia das armas de caça e de combate e facilitou extraordinariamente o desbravamento das florestas*".[67] Os artífices *yorùbá* produziam peças e esculturas em marfim, barro, ouro, cobre, bronze e madeira de temática constantemente humana; também produziam adornos como argolas, pulseiras e colares. Claro que os motivos divinos também se mostraram frequentes, mas não dominavam as intenções dos escultores.

Entre as grandes artes da África, destacam-se o teatro, a música e a dança. Fabricavam vários instrumentos musicais como: flautas, violas, xilofones, cornetas e, é claro, tambores. Talvez os tambores fossem os instrumentos mais utilizados pelo povo *yorùbá* e é marca indelével nas comunidades afrodiaspóricas. A música não era utilizada apenas nos cerimoniais religiosos, mas também por divertimento, nas representações teatrais, nas danças, nas cerimônias políticas, e até como transmissor de mensagens. Davidson afirma:

---

[66] VERGER, 1997, p. 126.
[67] GIORDANI, 1985, p. 147.

> *Todas as comunidades, por menores que fossem, tinham os seus tamboreiros. Ao pôr do Sol nos trópicos, por volta das 6 horas, eles sentavam-se no "largo" da aldeia, ou talvez numa clareira da floresta, e transmitiam as suas saudações, avisos ou outras mensagens para a aldeia seguinte.*[68]

No que tange aos cultos, cada Òrìṣà tem um tambor de forma diferente. Essas diferenças também são observadas entre as diferentes cidades ou regiões, por exemplo: na cidade de Ọ̀yọ́, existem os alubàtá que tocam o tambor bàtá, em forma de ampulheta, que é utilizado nas cerimônias para Ṣàngó. Em Oṣogbò, cidade às margens do rio Ọ̀ṣun, região dos Ijẹ̀ṣà, é utilizado o ìlú, tambor cilíndrico com dois couros, um de cada lado, atado por cordas.

[68] DAVIDSON, 1981, p. 171.

Fundada na iniciação e na experiência,
a tradição oral conduz o homem à sua totalidade e,
em virtude disso, pode-se dizer que contribuiu
para criar um tipo de homem particular,
para esculpir a alma africana.

Amadou Hampaté Bâ[69]

[69] BÂ, A. Hampaté. A tradição viva. In: KI-ZERBO, J. (ed.). *História geral da África I*: metodologia e pré-história da África. Brasília, DF: UNESCO, 2010. p. 169.

A DIÁSPORA: LEGADOS AFRICANOS

INTRODUÇÃO

Devido ao processo econômico instituído nos três continentes americanos, formou-se um tráfico transatlântico de seres humanos que, tirados de suas terras natais, foram escravizados majoritariamente no Brasil, nas Antilhas e nos Estados Unidos. O Batuque, o Candomblé, o Tambor de Mina, o Xangô ou Nagô, o Xambá, além da Santería (Cuba, EUA) e o Vodu (Haiti, República Dominicana) são tradições (re)estruturadas nas Américas a partir da diversidade cultural africana. Essas (re)estruturações se deram por meio de adaptações, agregações e supressões de elementos originais africanos em consequência do processo de destituição epistemológica[70] e da realidade disponível ao negro que vivia, em sua condição diaspórica, sem liberdade física, nem de expressão, num completo "*desenraizamento material e simbólico [...] configurando-se no processo de desumanização mediante às sucessivas etapas de desterritorialização operado pelo tráfico transatlântico*"[71].

A matriz civilizatória africana, no Rio Grande do Sul, manteve-se viva, principalmente nas senzalas de Rio Grande, Pelotas e Porto Alegre e, com a abolição da escravatura, se expandiu para todo o estado,

---

[70] Falaremos sobre ela no próximo capítulo.

[71] JESUS, Jayro Pereira de; et al. *Reivindicações das Religiões de Matriz Africana ao Governo do Estado do RS.* Disponível em: <http://www.babadybadeyemonja.com/2011/11/repressentantes-das-religioes-de-matriz.html>. Acesso em: 08 jan. 2014.

para outros estados do Sul do país e para o Uruguai e Argentina, extrapolando classes sociais, níveis socioeducativos e grupos étnicos.

O Batuque é a principal expressão da tradição de matriz africana do Brasil Meridional, fundada nos "*princípios e valores civilizatórios de humanidade negra africana*"[72], cuja gênese está no que temos chamado de "*complexo cultural jeje-nagô-bantu*"[73]. Bantu não é uma etnia africana como primeiramente imaginamos, mas sim um tronco linguístico que origina cerca de quatrocentas línguas, todas ao sul do equador[74]. A tradição bantu não chegou a se estruturar no Rio Grande do Sul como as outras tradições, formando um espaço de atuação próprio (os terreiros) ou centrado num culto a divindades (Nkisi) como acontece com o Candomblé de Angola na Bahia e no Rio de Janeiro, mas deixou um legado civilizatório muito forte no cotidiano das famílias negras e também brancas do Rio Grande do Sul, além da expressiva agregação de palavras à língua portuguesa falada no Brasil[75].

Outra importante tradição africana mantida em nosso estado é a chamada *Jeje*. O termo Jeje se refere a determinados grupos do antigo reino do Dahomé, atual República do Benin na África, e tem possível origem na expressão *Ajeji*, que significa estrangeiro, maneira dos antigos *yorùbás* se referirem pejorativamente aos invasores *Fọns* vindos do leste.[76]

---

[72] JESUS; et al, 2011.

[73] SANTOS, 1986; VERGER, 1997; CORRÊA, Norton F. *O batuque do Rio Grande do Sul*: antropologia de uma religião afro-rio-grandense. 2. ed. São Luis: Cultura & Arte, 2006.

[74] LWANGA-LUNYIIGO, Samwiri; VANSINA, Jan. Os povos falantes de banto e a sua expansão. In: FASI, Mohammed El; HRBEK, I. (ed.). *História geral da África III*: África do século VII ao XI. Brasília, DF: UNESCO, 2010. p. 169.

[75] Matungo, marimbondo, cacimba, calombo, lomba, cacunda, tanga, quitanda, quilombo, cochilo e bunda são alguns exemplos.

[76] BENISTE, José. *As águas de Oxalá*: (àwon omi Óṣàlá). 3. ed. Rio de Janeiro: Bertrand Brasil, 2005. p. 291. Grifo do autor. (Nota: os *Fọn*, assim como todas as etnias

A cultura *yorùbá* é a que deixou suas marcas muito mais profundamente nos costumes das populações negras no Rio Grande do Sul, sobretudo na configuração de um culto a divindades.[77] No início da exploração econômica das terras descobertas no continente americano, os colonizadores buscavam na mão de obra escravizada a melhor forma para rentabilizar a produção agrícola da região. Em 1517, um nobre espanhol obteve licença para trazer negros africanos para trabalhos na ilha de São Domingos, começando aí o tráfico de milhares de negros para todo o continente americano. O enorme desenvolvimento que a escravidão tomou em todo o continente, ligado ao surto da economia açucareira, que exigia abundante mão de obra nas plantações. Os colonizadores estavam interessados não somente na força de trabalho do africano, mas nos navios negreiros "*além de músculos vinhem ideias, sentimentos, tradições, mentalidades, hábitos alimentares, ritmos, canções, palavras, crenças religiosas, formas de ver a vida. E o que é mais incrível, o africano levava tudo isso dentro da sua alma*"[78].

2.1 O SISTEMA ESCRAVISTA

Na Antiguidade a África foi o centro do Sistema-Mundo[79]. Dali se exportava ouro e marfim, intelectualidade e mão de obra para todo o

do grupo Jeje, provinham de um território a oeste do território *yorùbá* e não leste como diz o autor.)

[77] Sobre os Bantu ver ADOLFO, Sérgio Paulo. *Nkissi Tata Dia Nguzu*: estudo sobre o candomblé Congo-Angola. Londrina: EDUEL, 2010. [Indicado pelo Prof. Dr. Uanderson Flôr do Nascimento (UnB)] Sobre o Jeje ver PARÉS, Luis Nicolau. *A formação do Candomblé*: história e ritual da nação jeje na Bahia. Campinas: Ed. Unicamp, 2007. [Indicado pelo Prof. Dr. Deivison Campos (ULBRA)]

[78] ATLÂNTICO negro: na rota dos Orixás. Direção: Renato Barbieri. [São Paulo]: Instituto Itaú Cultural, 1998. 1 DVD (53 min), NTSC, son. Color.

[79] DUSSEL, Enrique. Europa, modernidade e eurocentrismo. In: LANDER, Edgardo (org.). *A colonialidade do saber*: eurocentrismo e ciências sociais: perspectivas latino-americanas. Buenos Aires: CLACSO, 2005. p. 24-32.

mundo que estava interligado por rotas comerciais. Durante a Idade Média essa centralização mudou de mãos para a Ásia, sobretudo a China. Em menos de 100 anos da hégira, o islã chegou na África Ocidental, dominando as rotas comerciais.

Os europeus ansiavam por esse mercado e Veneza foi a precursora com Marco Polo, no século XIII. Dominar um mercado que já era dominado por outros, ou seja, eliminar os atravessadores, era a meta do projeto expansionista europeu. Os portugueses estavam na rabeira desse processo. Ter que pagar atravessadores (mesmo que europeus) faziam os preços dos produtos que tanto cobiçavam tornarem-se muito altos. Isso motivou-os a serem os pioneiros nas grandes navegações.[80] Durante a primeira metade do século XV, os portugueses alimentaram projetos expansionistas voltados para a conquista destas áreas africanas, voltando seus esforços para a descoberta das rotas das especiarias e do ouro. A primeira implicava a identificação de um caminho para as Índias, enquanto a segunda dizia respeito ao melhor roteiro para a costa do ouro.

Contudo, os trajetos norte-africanos e mediterrâneos apresentavam duas muralhas: a dos mercadores muçulmanos e a dos comerciantes venezianos, florentinos e genoveses. Os primeiros defendiam o acesso continental, a via transaariana, enquanto o segundo grupo zelava militarmente pelas feitorias espalhadas nas ilhas do mediterrâneo.[81] De 1415, com a conquista de Ceuta, até meados de 1510 com a tomada de Goa, na Índia, os portugueses estabeleceram vários entrepostos ao longo da costa e ilhas de África. O objetivo principal destes entrepostos era o da exploração da cultura açucareira e captura de pessoas para serem direcionadas ao mercado escravista no próprio continente europeu. A escravidão era uma instituição que existia entre os árabes e era autoriza-

---

[80] SARAIVA, José Hermano. História concisa de Portugal. 4 ed. Portugal: Europa-América, 1979.

[81] DEL PRIORE, Mary; VENÂNCIO, Renato Pinto. *Ancestrais*: uma introdução à história da África atlântica. Rio de Janeiro: Elsevier, 2004. p. 33.

da, desde 1452, pelo papado. Tanto um quanto o outro escravizavam os inimigos de sua fé, ou seja, cristãos escravizavam islâmicos e vice-versa, mas nunca os da própria religião.[82]

Em África, a escravidão pode ser questionada. Autores como Joseph Ki-Zerbo e Kabengele Munanga defendem que não havia escravidão ao analisar o conceito que o Ocidente tem de escravidão. Segundo estes autores, sequer existe uma palavra em nenhuma das mais de mil línguas africanas que nomeie "escravo". De fato, há até mesmo um questionamento sobre o conceito de escravo, que esta palavra encerra sobre si um status inato, ou seja, o escravo é aquele que é e não o que lhe foi imposto ser. Este conceito pensado sobre a natureza da escravidão e o inatismo do escravizado argumentado em Aristóteles, foi um dos elementos que justificaram a própria escravidão: o homem nasce livre até que alguém o escravize. Portanto, o próprio conceito está errado: o correto é "escravizado", não "escravo". Não há uma categoria de escravo natural, porém, esse conceito já está enraizado na literatura.

Em segundo lugar, o conceito de "escravo" vem de outra visão de mundo, diferente da africana.[83] Isto não significa que não havia trabalho compulsório, contudo devemos entender que esta forma de trabalho era integrada à cultura onde o cativo era chamado de "trabalhador" e era entendido como parte da família daquele a quem seus serviços estavam vinculados. Na antiga África Atlântica, a escravidão era doméstica ou, para utilizarmos um termo mais técnico, "de linhagem"

---

[82] BEOZZO, José Oscar. Evangelho e escravidão na teologia latino-americana. In: RICHARD, Pablo (org.). *Raízes da teologia latino-americana.* São Paulo: Paulinas, 1988, p. 86; TALIB, Yusof. A diáspora africana na Ásia. In: FASI, Mohammed El; HRBEK, I. (Ed.). *História geral da África III*: África do século VII ao XI. Brasília, DF: UNESCO, 2010. p. 825-859.

[83] MUNANGA, Kabengele. *Nova legislação e política de cotas desencadeariam ascensão econômica e inclusão dos negros, diz professor.* São Paulo, 2005. USP On-line. Entrevista concedida a Marana Borges. Disponível em: <http://www.pambazuka.org/pt/category/features/62676>. Acesso em: 16 maio 2014.

ou "de parentesco". Tal definição implica reconhecer que o trabalho cativo, nessas paragens, somente após a chegada de colonos europeus se tornou comercial, pelo estabelecimento de fazendas monocultoras, voltadas para a exportação. Exceções, como o caso do reino Songai, são discutidas, mas estão longe de ameaçar as interpretações mais aceitas a respeito da natureza da escravidão pré-colonial.[84] Então, entendemos que a escravidão em África não era um modo de produção, mas uma relação de produção. "*Em hipótese alguma havia um escravismo como sistema de produção, pois não era uma sociedade de acúmulo de capital, mas de subsistência.*"[85]. Como vimos, o modo de produção africano era o tributário-comerciante e para este tipo de modo de produção o trabalho compulsório se torna parte das forças produtivas e não fim.

ESCRAVIDÃO[86]

O escravizado no Brasil	*O escravizado em África*
Perdia sua identidade, ganhava um novo nome e sua origem era ignorada	Mantinha sua identidade, seu nome e sua origem
Era coisificado	Mantinha sua humanidade
Não podia se casar e seus filhos já eram escravizados ao nascer	Podia se casar e seus filhos não nasciam na condição de escravizados
A condição de escravizado era racial	A condição de escravizado era individual
Não havia mobilidade social	Poderia ascender socialmente se tornando um general ou até mesmo um líder comunitário

[84] DEL PRIORE; VENÂNCIO, 2004, p. 36-37.

[85] MUNANGA, 2005.

[86] MATTOSO, Katia M. de Queirós. *Ser escravo no Brasil*. 3. ed. Brasiliense: São Paulo, 1990.

O tráfico se abasteceu de três formas, segundo Berkenbrock: "*caça, guerra e compra*"[87]. As incursões nas praias e em alguns quilômetros para o interior do continente garantiam a captura de pessoas que depois eram vendidas e escravizadas nas Américas. Porém, essas incursões dependiam muito das habilidades do capturador, que desconhecia a geografia local e frequentemente se confrontava com a resistência de líderes africanos. Além disso, durante a Idade Média, se construiu o imaginário sobre uma África cheia de criaturas monstruosas, o que fazia com que os caçadores de homens não penetrassem muito no continente. Estes fatores levaram ao estabelecimento de relações comerciais com os reinos próximos: em troca de produtos inexistentes em África e de armas de fogo, foram promovidas guerras entre reinos que historicamente já eram inimigos e devido ao maior poder bélico, acabavam como cativos de guerra. Estes cativos eram trocados por mais armas, munição e produtos manufaturados que serviriam para o travamento de outras guerras e assim sucessivamente. Karl Emanuel diz que:

> *Os primeiros chefes negros que tinham escravos domésticos vendiam seus escravos. Quando a demanda se tornou maior foi necessário ir buscar escravos no interior o que provocou o início das guerras fratricidas entre os negros. Antes eram guerras nacionais, tal rei contra tal rei.*
>
> *Mas depois o mercantilismo ligado ao tráfico levou-os a fazer guerras de lucro para ter muitos escravos e vendê-los aos navios ocidentais para receber quinquilharias, fuzis, tudo isso, escravo contra fuzil, fuzil para ir buscar o escravo, tudo isso criava um circuito infernal do qual não se saía mais.*[88]

---

87 BERKENBROCK, 2007. p. 69.
88 ATLÂNTICO, 1998.

A fala de Emanuel deve ser contextualizada e analisada. A Academia Ocidental é eurocêntrica e traz uma proposta de conhecimento racionalizado e universalizado. Este ideário acaba por sugerir que o conhecimento local ou as interpretações locais costumam ser emotivas e, portanto, fogem da neutralidade exigida pela ciência. O Benin foi dominado com mão de ferro pelo colonizador francês e, embora o historiador seja um negro africano, reproduz as falas colonialistas e racistas propagadas por essa Academia.

O termo "guerras fratricidas" demonstra bem isso. Os reinos eram inimigos históricos, mas este termo implica que eram irmãos por serem negros e que guerreavam entre si para obter supremacia no mercado transatlântico de escravizados. A questão aqui é propagar a ideia de que o tráfico foi mantido pelos próprios africanos que corrompiam seus laços fraternos por poder e riqueza. Berkenbrock alerta sobre isso:

> *Sem a colaboração de chefes africanos, o tráfico de escravos não teria atingido as proporções que atingiu, nem teria sido mantido por tanto tempo. Não se pretende de modo algum com esta constatação colocar a responsabilidade pelo tráfico de escravos e suas consequências em chefes africanos. Este trabalho conjunto de chefes africanos com traficantes europeus [e brasileiros como Francisco Félix de Souza[89]] mais se poderia chamar de cooptação que de colaboração.*[90]

Historiadores como Mário Maestri e Joseph Ki-Zerbo entre outros, afirmam que um dos grandes motivos para a participação dos africanos no tráfico transatlântico de cativos é a tentativa de escaparem eles mesmos de serem capturados e escravizados.

---

[89] Sobre este traficante baiano sugiro a leitura de SILVA, Alberto da Costa e. *Francisco Félix de Souza*: Mercador de Escravos. São Paulo: Nova Fronteira, 2004. 207 p.
[90] BERKENBROCK, 2007, p. 70.

Contudo a forma como se entendia este processo era diferente entre africanos e europeus. Em Uidá, por exemplo, os cativos eram obrigados a dar voltas em torno de uma árvore chamada de "Árvore do Esquecimento". Os homens davam nove voltas e as mulheres sete. A intenção era fazer com que os cativos esquecessem suas origens e assim garantir que amaldiçoassem o rei e seu povo e que fizessem uma boa viagem. Eram feitos muitos trabalhos espirituais na praia para estes cativos, pois "*a maldição que sai da boca de quem morre ou de quem parte para sempre eram temíveis*"[91].

Até ali, os cativos eram seres humanos, mas tudo mudará dali para frente. O cativeiro nas Américas era bem outro. O número exato de africanos transportados para as Américas é muito discutido e especulado e a falta de uma documentação confiável ajuda muito nessa incerteza. A quantidade média mais aceita é de que 12 milhões de africanos foram traficados para as Américas. Desse contingente, metade foi jogada ao mar por vários motivos[92]; dos 6 milhões restantes, 2 milhões foram dispersos entre a América Latina e América do Norte e 4 milhões desembarcaram apenas no Brasil.

2.2 OS *YORÙBÁ* NAS AMÉRICAS

Chegando às Américas, os negros estavam desnorteados, não falavam a língua dos colonizadores e muitas vezes nem mesmo entre eles conseguiam se comunicar pois frequentemente eram separados de suas etnias originais para evitar revoltas. Foram direcionados a várias frentes de trabalho, sendo a maior quantidade usada na agricultura. Na ideologia racista escravocrata os negros de origem bantu (Angola, Congo e Moçambique), de corpo atarracado, eram direcionados para o trabalho

[91] ATLÂNTICO, 1998.

[92] Doenças, falta de alimentação, perseguição pela marinha inglesa (após 1830), etc.

agrícola, pois julgava-se que eram mais fortes. Já os sudaneses (Nigéria e Benin), por serem mais esguios, se acreditava que eram mais aptos ao trabalho minucioso, por isso foram direcionados ao trabalho urbano como carpinteiros, construtores civis, etc., e as mulheres como engomadeiras, passadeiras, lavadeiras, quitandeiras ou mesmo prostitutas; nas sedes das fazendas como serviçais.

Nem as crianças escapavam dessa sina. O naturalista francês Auguste de Saint-Hilaire registrou, quando de suas andanças pelo Rio Grande do Sul entre 1820 e 1821, o cotidiano de uma criança escravizada quando estava hospedado na Charqueada São João, em Pelotas, de propriedade de Antônio José Gonçalves Chaves:

> *Há sempre na sala um pequeno negro de 10 a 12 anos, cuja função é ir chamar os outros escravos, servir água e prestar pequenos serviços caseiros. Não conheço criatura mais infeliz que essa criança. Nunca se assenta, jamais sorri, em tempo algum brinca! Passa a vida tristemente encostado à parede e é frequentemente maltratado pelos filhos do dono. À noite chega-lhe o sono e quando não há ninguém na sala, cai de joelhos pra poder dormir. Não é esta casa a única que usa esse impiedoso sistema: ele é frequente em outras.*[93]

Além da opressão escravista, a cor da pele e a espiritualidade foram fatores importantes para uma unificação destes povos. Essa unificação gerou resistência: fugas, aquilombamentos, lentidão no trabalho, justiçamentos e revoltas foram formas que os negros africanos ou afrodescendentes encontraram para demonstrar toda sua rebeldia com o sistema. Na América Latina o agrupamento em confrarias religiosas sob os auspícios da Igreja Católica também foi uma forma de resistir a es-

---

[93] SAINT-HILAIRE, Auguste de. *Viagem ao Rio Grande do Sul* (1820-1821). Belo Horizonte: Itatiaia, 1974. p. 73.

cravidão. Essas confrarias, dedicadas a santos católicos, geralmente fundadas por sacerdotes e sacerdotisas de tradições africanas, ofereceram o subterfúgio necessário para a manutenção da espiritualidade negro africano. Essa espiritualidade se manifestou de várias formas na América do Norte e nas Antilhas. Nos Estados Unidos, a mão de obra negra escravizada foi direcionada para os estados do Sul, produtores de algodão e tabaco. Ali a manifestação da espiritualidade negra nos Estados Unidos se mostrou de forma bem diferenciada do resto do continente. As igrejas evangélicas arrebanharam grande parte da população negra que deram um outro sentido à pregação e aos cultos cristãos.

De fato, existe uma grande diferença entre as igrejas pentecostais de origem negra, das frequentadas por brancos. Nas igrejas negras, os cultos dão ênfase aos cânticos e louvores cantados de forma niticamente africana e que, certamente, deram origem às manifestações musicais estadunidenses tradicionais como o jazz, o blues e seus derivados.[94] A quase ausência do catolicismo nos Estados Unidos não possibilitou aos negros o subterfúgio para a perpetuação de suas crenças tradicionais que, somado ao preconceito e ao medo de se praticar uma religião que na concepção cristã dominante era "ligada" ao diabo, as religiões africanas quase não tiveram espaço neste país. Somente agora é que, em algumas regiões majoritariamente povoadas por negros como Nova Orleans e Charleston (Carolina do Sul), religiosos africanistas saíram das sombras para aparecerem na mídia.[95]

No Haiti temos o *Vodu* que é um culto religioso popular de caráter sincrético, que incorpora aspectos do ritual católico-romano, ca-

---

[94] Semelhante ao que André Corten fala sobre os negros no pentecostalismo brasileiro em *Os pobres e o Espírito Santo*: o pentecostalismo no Brasil. Petrópolis: Vozes, 1996. 285 p.

[95] RELIGIÕES africanas e afro-americanas. Produção e direção: Coley Coleman. In: HISTÓRIA das religiões. [S.I.]: Europa Filmes, 2003. 3 DVDs, v. 1, cap. 4 (47 min), NTSC, Son. Color. Título original: Religions of the world: african and african-american religions.

tados da colonização francesa, assim como elementos religiosos e mágicos africanos trazidos principalmente pelos escravizados das etnias *yorùbá* e *fọn* que trabalhavam nas plantações de açúcar, principal economia da colônia francesa. O termo deriva de *Vodun,* "divindade" ou "espírito" na língua *fọngbe.* O culto tornou-se uma espécie de religião oficial da comunidade camponesa do Haiti. Os praticantes do Vodu acreditam num Ser Supremo e em divindades denominadas *Loa,* que podem ser aparentados a santos católicos, ancestrais divinizados ou divindades africanas.

Muitos adeptos urbanos acreditam que os *Loas* podem ser benévolos, os *Loas Rada,* os quais se ligam aos indivíduos ou famílias como anjos da guarda, guias e protetores; ou mesmo malévolos, os *Loas Petro.* Essas divindades comunicam-se com os fiéis por meio de sonhos ou através da possessão durante cerimônias rituais. Cada grupo de praticantes tem seu local para realizar as cerimônias, que envolvem cantos, toque de tambores, danças, preces, preparo de alimentos e o sacrifício ritual de animais. O santuário, ou *houmfo,* é presidido por um *hougan,* sacerdote masculino, ou *mambo,* sacerdotisa, que age como conselheiro, curandeiro e protetor.[96]

Marcada por forte sincretismo com a doutrina cristã, a *Santería* é uma religião afro-cubana cuja estruturação nasceu com a chegada dos *yorùbá* que aportaram no país principalmente na primeira metade do século XIX para o trabalho escravizado nas plantações de açúcar e tabaco. Para garantir a sobrevivência de seu culto durante a escravidão, os *yorùbá* adaptaram-no à religião de seus senhores, passando a associar as divindades africanas com os santos do Cristianismo - daí o próprio nome, *Santería,* denominação pejorativa dada pelas elites escravocratas à crença dos escravizados. Apesar das condições desfavoráveis, ao longo

---

[96] DESMANGLES, Leslie. Vodou in Haiti. In: ASANTE; MAZAMA, 2009. p. 695-700.

dos anos o culto se tornou tão popular na ilha que passou a fazer parte da própria identidade cultural do país. Praticada também em outras ilhas do Caribe, na Venezuela e em algumas cidades norte-americanas, como Miami e Nova York, a doutrina gira em torno do culto aos Òrìṣà e aos espíritos dos antepassados, considerados guardiões dos devotos. As divindades falam com os fiéis por intermédio dos *santeros*, como são chamados os sacerdotes, que incorporam as divindades em rituais de possessão.

A *Regla del Ocha*, como a crença também é conhecida, muitas vezes é relacionada às práticas de magia negra. Entretanto, os estudiosos afirmam que tal associação é preconceituosa, pois a visão de Bem e Mal na *Santería* é diferente daquela das doutrinas cristãs. A *Santería* busca o que é bom para um indivíduo, não algo considerado como o "bem absoluto". Nesse sentido, a conotação negativa que ainda persiste teria raízes na tentativa dos escravizadores cristãos de desqualificar a religião dos escravizados africanos.[97]

2.3 Os *Yorùbá* no Brasil

O Brasil teve três grandes períodos ou ciclos econômicos. O primeiro foi o de extração do pau-brasil usando mão de obra indígena que durou de 1500 a 1530 aproximadamente. A perda de vários entrepostos em África onde se produzia açúcar, fez os portugueses se voltarem para o Brasil com a intenção de ocupação, colonização e estabelecimento de engenhos para a produção dessa especiaria indiana, período que durou de 1530 até meados de 1700. Com a descoberta de ouro nas Minas Gerais, praticamente toda a mão de obra escravizada e livre se dirigiu para a região. Num período de 100 anos todas as reservas minerais do solo foram exauridas e inicia-se o ciclo do café na região do Rio

[97] BRANDON, George. Santeria. In: ASANTE; MAZAMA, 2009. p. 589-593.

de Janeiro e São Paulo. Havia também, durante esses períodos, a produção de outros produtos como trigo, soja e o charque. Todas estas atividades tinham como trabalhadores negros africanos e afrodescendentes escravizados. Devido aos focos de produção de acordo com cada ciclo econômico, a utilização de mão de obra negra escravizada garantiu a formação de espaços ou nichos de cultura negra que, por sua vez, permitiram a fundação das comunidades afro-religiosa.

Religião afro-brasileira é o termo mais utilizado pelos estudiosos como um designativo geral para as expressões religioso-culturais africanas no Brasil, assim como as religiões ditas amalgamadas ou sincréticas. A religião *yorùbá,* fora da África, não se manteve tão pura quanto a que se apresenta no continente e por aqui existem denominações que variam de região para região. Atualmente tem se empregado o termo Tradição de Matriz Africana para definir as religiões de origem africana como o Batuque do Rio Grande do Sul, o Tambor-de-Mina do Maranhão, o Xangô-Nagô de Pernambuco e o Candomblé da Bahia, pois essas expressões são formas regionais de sobrevivência das tradições africanas que guardam mais do que aspectos religiosos, guardam uma proposta civilizatória.

As religiões afro-brasileiras propriamente ditas seriam aquelas que têm grande influência das tradições africanas, mas que no processo diaspórico se amalgamaram com outras tradições religiosas (sobretudo com a indígena e com o catolicismo) gerando uma outra expressão religiosa como a Umbanda, o Catimbó, o Babaçuê, a Jurema etc. Há quem as defina simplesmente como religiões brasileiras, seja por causa da própria origem brasileira ou acreditando na ideologia *gilbertofreyreana* da mestiçagem e do equilíbrio entre as "três raças": negros, indígenas e brancos.

Na Bahia temos o *Candomblé,* uma manifestação religiosa originária da cidade de *Ketu*, na Nigéria. Diversos trabalhos acadêmicos narram a história e os mitos que surgiram em decorrência da fundação dos primeiros terreiros. Segundo Verger[98] mais antigo é o *Ilê Iyanassô*, a Casa Branca do Engenho Velho, que teria dado origem a todos os outros terreiros da Bahia e até do Brasil, com a expansão do Candomblé. Dos mais respeitados temos o *Iyá Omí Axé Iyamasé*, fundado no Alto do Gantois por Júlia Maria da Conceição Nazaré cuja neta, a Mãe Menininha, foi a quarta a ocupar o lugar de sacerdotisa nesse terreiro; e o *Ilê Axé Opô Afonjá*, instalado em São Gonçalo do Retiro no ano de 1910, por Eugênia Ana dos Santos, Mãe Aninha *Obabii*. A grande diferença do Candomblé para as outras tradições de matriz africana no Brasil é que as sacerdotisas responsáveis pelo terreiro, segundo Verger[99] e Santos[100], iam frequentemente à África reaprender os fundamentos religiosos que, posteriormente, punham em prática em Salvador. Traziam não só os fundamentos, mas a organização política e hierárquica tornando os terreiros baianos verdadeiros reinos de África no Brasil.

Além do Candomblé, temos outras manifestações religiosas africanas no resto do país. Dentre elas há o *Tambor de Mina*, manifestação religiosa originária dos povos *Jeje*, vivenciada no Maranhão cujo terreiro mais conhecido é a Casa das Minas. O *Xangô* recifense, também chamado de *Nagô-Egbá* é muito semelhante à religião praticada no Rio Grande do Sul. *Macumba* é o nome de um instrumento de percussão originário de uma etnia bantu e que identificou a religião dessa origem no estado do Rio de Janeiro. Posteriormente, devido a demonização do termo pela Igreja Católica, passaram a adotar o nome Candomblé de Angola, por julgarem que é mais respeitado pela sociedade brasileira[101]. E, finalmente, no Rio Grande do Sul, temos o *Batuque*.

---

[98] VERGER, 1997, p. 28-29.

[99] VERGER, 1997, p. 28-32.

[100] SANTOS, 1986, p. 26-38.

[101] Para ter uma visão introdutória destas vertentes diaspóricas da tradição africana no Brasil sugiro a leitura de BASTIDE, Roger. *As religiões africanas no Brasil*: contribuição a uma sociologia das interpretações de civilizações. São Paulo: Pioneira, 1971. 2 v.

2.4 A RELIGIÃO *YORÙBÁ* NO RIO GRANDE DO SUL

Não é nossa intenção de que este trabalho seja etnográfico[102], mas teológico, por isso apresentaremos apenas os pontos que são importantes na compreensão dessa tradição que se convencionou chamar de Batuque. A história do Batuque se mescla com a história da presença negra no estado do Rio Grande do Sul, como apresentaremos a seguir.

2.4.1 ORIGENS

No Rio Grande do Sul a tradição de matriz africana se apresenta com várias hibridizações, no sentido de Bhabha[103]. Vários subgrupos étnicos dos *yorùbá* se unificaram para a manutenção e preservação de suas tradições e os amalgamentos se deram de várias formas, inclusive entre tradições diferentes como a junção d a tradição *jeje* com a *yorùbá*.

Batuque foi o apelido dado pelos brancos à religião africana praticada em nosso estado devido ao barulho provocado pelos tambores. Os vivenciadores também chamam de Nação, como forma mais

---

[102] Uma obra que tem este tom é a de CORRÊA, já citada.

[103] Homi K. Bhabha, é uma das figuras mais importantes nos estudos pós-coloniais contemporâneos. Nascido numa família parsi, em Mumbai, Índia, cunhou uma série de neologismos e conceitos-chave como hibridismo, mímica, diferença e ambivalência que descrevem maneiras pelas quais os povos colonizados resistiram ao poder do colonizador. Em *O local da cultura* (Editora UFMG) diz que "o hibridismo representa aquele 'desvio' ambivalente do sujeito discriminado em direção ao objeto aterrorizante, exorbitante, da classificação paranoica – um questionamento perturbador das imagens e presenças da autoridade. [...] O hibridismo não tem uma tal perspectiva de profundidade ou verdade para oferecer: não é um terceiro termo que resolve a tensão entre duas culturas, ou as duas cenas do livro, em um jogo dialético de 'reconhecimento'. [...] O hibridismo é uma problemática de representação e de individuação colonial que reverte os efeitos da recusa colonialista, de modo que outros saberes 'negados' se infiltrem no discurso dominante e tornem estranha a base de sua autoridade – suas regras de reconhecimento. (p. 165).

respeitosa, pois, geralmente, o termo Batuque é utilizado pejorativamente, com intenções ofensivas. Uma das primeiras referências ao Batuque é citada por Corrêa:

> *Pereira Coruja menciona, no início do século [XX], a existência destes autos em Porto Alegre – o "Cocumbi" – informando, ainda, que eles se apresentavam na festa Rosário, mas ensaiavam no "candombe" (sic) da Mãe Rita, famosa mãe-de-santo da época.*[104]

Curiosamente o termo usado por Coruja é "candombe"[105] e não Batuque. Em 1933, Jacques Raimundo publicou um livro que traz vários elementos do português falado no Brasil calcados na reminiscência linguística africana. Na primeira parte da obra, o autor explica minuciosamente os meandros linguísticos do emprego de palavras africanas no nosso idioma; na segunda parte traz um glossário com o significado brasileiro das palavras e sua etimologia africana. Foi ali que encontramos o verbete que transcrevo a seguir *ipsis literis*:

> *BATUQUE, sm. Dança de negros, com sapateados, palmas, cantigas e toque de tambor. // Qualquer barulho com pancadas repetidas e frequentes. // Etim.: é bailado originário de Angola e do Congo, mas, em que pese a opinião do Cardeal Saraiva, não lhe chamavam os negros batuque, mas os portugueses; a dança é feita com cantos em que entra a expressão kubat'uku, nesta casa aqui. Daí proveio ba-*

[104] CORRÊA, 2006, p. 48.

[105] O termo "candombe" é controverso. Não sabemos se possui alguma referência em "candomblé". Como não há consenso na origem da própria palavra "candomblé" (se bantu ou francesa), o aparecimento do termo "candombe" em nossa literatura é muito curioso, sobretudo se lembrarmos que existe um auto popular de origem negra no Uruguai muito semelhante ao nosso carnaval e que também se chama "candombe".

> *tucu, alt. em batucum, batecum e batecu. De bat'uku originou-se o verbo batucar: batuco + ar; de batucar o deverbal batuque, que, levado à Contra-Costa foi adoptado pelos landinos sob a forma batchuque (P. Raposo, Dic. Land.). // Ders.: batucada, batucador, batucante, batuqueira.*[106]

A história do Batuque se imiscui à história do negro no Rio Grande do Sul, que não é muito diferente da do resto do país. O Rio Grande do Sul nunca fez parte do tráfico transatlântico de mão de obra africana, o estado sempre recebeu esta mão de obra por rotas continentais. Embora a historiografia reconheça como marco para a presença negra no Rio Grande do Sul a instalação da charqueada de José Pinto Martins às margens do Arroio Pelotas, em 1780, existem indícios anteriores a essa data: possivelmente, os primeiros escravizados a conhecer estas terras foram os que estavam na expedição exploratória de Martin Afonso de Souza. Essa expedição era para definir os limites das terras pertencentes à Coroa Portuguesa, ainda que o tratado com a Espanha (1494 – Tratado de Tordesilhas) não abrangesse essa parte do continente. Não houve desembarque, mas o nome de "Rio Grande" é atribuído ao explorador ao se deparar com o deságue da Lagoa dos Patos no mar. Souza acreditava que aquele era um grande rio.

O historiador Fábio Kuhn afirma que já haviam escravizados no Rio Grande do Sul antes do boom econômico proporcionado pela indústria charqueadora. Segundo este autor, mais de 42% da população da região conhecida como Campos de Viamão, a primeira de colonização portuguesa no estado, era de origem africana. Essa mão de obra era aproveitada principalmente para o trabalho nas estâncias e na agricultu-

---

[106] RAIMUNDO, Jacques. *O elemento afro-negro na língua portuguesa*. Rio de Janeiro: Renascença, 1933. p. 106. [Material gentilmente cedido pelo Prof. Dr. Édison Hütner (PUC/RS)].

ra, mas também como prestadores de serviços em núcleos urbanos como artesãos e quitandeiras. Em meados do século XVIII, essa parte do Continente apresentava uma sociedade fortemente dependente da mão de obra cativa, especialmente da africana.

A escravidão indígena aparecia já de forma residual, na existência de duas dezenas de "administrados" dispersos entre alguns poucos proprietários. Definitivamente, a escravidão indígena parecia ser uma opção desinteressante no momento, diante da oferta de cativos africanos a baixo preço, distribuídos pelos traficantes do Rio de Janeiro e desembarcados em Laguna ou na vila do Rio Grande.[107]

Assumpção[108], citando vários autores, também alude à presença negra por estas bandas através das expedições bandeirantes, em 1635, onde eram utilizados no auxílio para a captura e transporte de índios para São Paulo; na fundação da Colônia do Santíssimo Sacramento às margens do Rio da Prata, em 1680, para desempenharem o papel de trabalhadores escravizados na construção civil e militar; e na condição de "mercadoria" a ser vendida para os espanhóis. Em 1725 a frota de João de Magalhães, que vem de Laguna por terra, traz uma grande quantidade de negros escravizados que Assumpção acredita ser um dado que corrobore a possibilidade de um estabelecimento nas fazendas de Viamão, Capivari e Gravataí[109].

O forte de Jesus-Maria-José erguido em 1737, a meio caminho entre Laguna e Colônia de Sacramento, tinha a intenção de ser um entreposto de abastecimento que ligava estas duas cidades. A historiografia define este como o marco de fundação do estado e a presença

---

107 KUHN, Fábio. *Breve história do Rio Grande do Sul.* 4ª ed. Porto Alegre: Leitura XXI, 2011. p. 67.

108 ASSUMPÇÃO, Jorge Euzébio. Época das charqueadas (1780-1888). In: CARELI, Sandra da Silva; KNIERIM, Luiz Claudio (org.). Releituras da história do Rio Grande do Sul. Fundação Instituto Gaúcho de Tradição e folclore. Porto Alegre: CORAG, 2011. p. 139-158.

109 ASSUMPÇÃO, 2011, p. 140.

negra se deu ali também na construção e manutenção da fortificação. Assumpção defende a participação de negros escravizados como soldados durante os conflitos em Sacramento e na Guerra Guaranítica:

> *Outro aspecto pouco ressaltado pela historiografia, que tendeu a silenciar sobre a importância dos africanos e seus descendentes na história, é a presença de escravos e forros nas guerras guaraníticas (1752-1756), pelas disputas do território meridional entre espanhóis e portugueses. Os afrodescendentes marcaram sua presença no Exército Demarcador de Portugal; este, composto por 1.633 homens, contava com 180 escravos, além de vários forros e livres.*
>
> *A participação negra nos conflitos bélicos, envolvendo ibéricos, como já ocorrera em Sacramento, foi uma constante enquanto durou a disputa por terras americanas. Devido à escassez de homens, nenhum dos lados titubeou em armar os nativos ou africanos para defesa de seus interesses.*[110]

Embora esteja clara a presença do negro no estado durante todo o período anterior a 1780, os historiadores são unânimes em apontar esta data como marco para a consolidação de sua presença como mão de obra escravizada no Rio Grande do Sul. Desde então, foram fundadas mais de 30 charqueadas em todo o estado, cada uma com um efetivo entre 60 e 80 escravizados. Corrêa nos apresenta a uma grande quantidade de negros vindos para o Rio Grande do Sul para o trabalho escravizado por meio de dados estatísticos que ocupam cerca de quatro páginas de sua obra[111]. Em artigo recente[112], confirma isto com base em

---

[110] ASSUMPÇÃO, 2011, p. 141.
[111] CORRÊA, 2006, p. 43-47.

outros autores. Assumpção[113] também nos apresenta dados estatísticos apontando para uma grande população negra no estado: de 1780, o historiador elenca quatorze centros urbanos totalizando uma população de 9.433 brancos para 5.102 pretos. Porto Alegre (Freguesia Nossa Senhora Madre Deus de Porto Alegre) foi elevada à freguesia em 1777 e no primeiro censo computava 545 negros de uma população total de 1.512 pessoas. No quadro seguinte, censo de 1814, o autor oferece dados de quinze centros urbanos, mas sua contagem total está equivocada. Por nossos cálculos o contingente de negros livres era de 4.131 e de escravizados 17.313, totalizando 21.444 negros na província. Porto Alegre, já elevada à condição de vila desde 1808, computava 588 livres do total de 2.900 negros. Em 1814, a maior parte da população era constituída de não brancos. Em nenhuma das freguesias o número de cativos era inferior a duas centenas. Porém, é Pelotas a mais importante cidade do século XIX no Rio Grande do Sul, onde se situava o polo charqueador, que apresentava a maior concentração de africanos e descendentes, superando os 60%. Apesar disso, Porto Alegre apresenta um contingente maior de escravizados (2.312) que Pelotas (1.226) pelo censo de 1814.

O charque - carne de gado salgada e exposta ao sol para secar, ação que a protege da putrefação por quase um ano, numa época em que não existiam refrigeradores e frízeres -, era o principal produto produzido nas charqueadas e a principal economia do estado no período, assim como o de maior importância nas exportações da província. Eram esses estabelecimentos os impulsionadores da economia do Brasil Meridional.[114] A palavra é de origem quíchua, mas também é chamado

---

[112] CORRÊA, Norton F. Os bimembranófonos iorubá no Brasil. *European Review of Artistic Studies.* vol.2, n.3, 2011, p. 60. Disponível em <http://www.eras.utad.pt/docs/tambores.pdf>. Acesso em 21, maio 2014.

[113] ASSUMPÇÃO, 2011, p. 145 e 147.

[114] ASSUMPÇÃO, 2011, p. 148.

de carne de sol no Nordeste e sua fabricação tinha o destino específico de alimentação dos escravizados. Sua importância é tanta no Rio Grande do Sul que o descontentamento com as políticas econômicas imperiais com relação ao mercado charqueador foi um dos motivos do desencadeamento da Revolta Farroupilha (1835-1845). Tanto durante a Revolta dos charqueadores quanto na Guerra do Paraguai (1864-1870) foram criados regimentos de negros que atuavam como infantaria constituída de lanceiros a pé ou a cavalo.

Estes dados são muito relevantes para nossa análise, pois antropólogos como Norton Corrêa e Ari Oro, entre outros, defendem duas teorias que merecem uma investigação mais profunda. Uma delas é de que o Batuque teria origem nos Xangôs de Recife. Outra, de que o polo iniciador teria sido a cidade de Rio Grande, passando por pelotas logo em seguida e por fim Porto Alegre. Estes antropólogos seguem a lógica do espraiamento civilizacional. Corrêa afirma que seria "*imprescindível a presença de uma massa crítica considerável de participantes do culto para mantê-lo*"[115], o que já foi comprovado que temos em todas as regiões. Contudo a afirmação de que Rio Grande é o berço do Batuque está mais vinculada ao fato dessa cidade ser a primeira fundada em território gaúcho, pois não há nenhum registro que comprove.

De fato, todos os sacerdotes e sacerdotisas dessa cidade com quem conversamos, nos afirmaram que o Batuque que existe atualmente em Rio Grande foi levado por sacerdotes de Porto Alegre. A antiga estrutura morreu? Ou nunca houve de fato, até a incursão desses porto-alegrenses na região? Estas perguntas ainda terão que ser respondidas.

De Rio Grande a religião teria ido para Pelotas e finalmente para Porto Alegre, já no século XIX. Da capital irradiou-se para outros estados e para a Argentina e o Uruguai.[116] Na capital, o Batuque se

---

[115] CORRÊA, 2011, p. 48.

[116] A respeito disso ver ORO, Ari Pedro. *Axé Mercosul:* As religiões afro-brasileiras nos países do Prata. Petrópolis: Vozes, 1999. 172 p.

propagou em diversas denominações chamadas "lados" ou "nações", que são: Cabinda, Oió, Jeje, Nagô e Ijexá; e pela mescla de dois lados: Jeje-Nagô, Jeje-Ijexá, Oyó-Jeje etc.

Diferentemente do que ocorreu na Bahia, os negros trazidos para o estado eram, na sua maioria, de bantus, pois os brancos os classificavam como uma etnia ótima para o trabalho pesado (como o das charqueadas) e os *yorùbá* excelentes no trabalho minucioso, por isso serem mais cogitados para o serviço doméstico e urbano. Aparentemente, os bantu se identificaram com as crenças dos *yorùbá*, praticando e seguindo seus preceitos e fundamentos. Daí a nomenclatura dos "lados" serem termos conhecidos dos *yorùbá:* Oió (Ọ̀yọ́) é a cidade nigeriana e, diz-se, origem deste "lado" praticado por aqui; Jeje é a designação *yorùbá* para os povos estrangeiros como os *fon* do Daomé; Nagô (nàgó) é, segundo Verger, uma etnia da região de *Ketu*, já outros autores designam todos os sudaneses vindos para o Brasil; Ijexá (Ìjẹ̀ṣà) é um antigo reino da Nigéria. O termo Cabinda é de origem bantu e, embora pratique uma religião que mais parece uma mescla de elementos da cultura Jeje com a Ijexá, é bem diferente dos outros "lados". Creio que negros originários dessa região de Angola formaram um tipo de irmandade ou sociedade, adotando os aspectos religiosos dos *yorùbá,* mas como não há fontes que confirmem isto, todo o tipo de explicação que se tente dar não passa de meras especulações.

Justamente por serem os bantu a grande maioria dos escravizados em solo gaúcho, após a abolição não havia motivos para que voltassem à África como fizeram os baianos. No Rio Grande do Sul, além de haver problemas econômicos, pois os escravizados foram largados sem "eira nem beira", caso conseguissem voltar para a África, voltariam para Angola, Congo ou Moçambique e não para as terras *yorùbá.*

2.4.2 Os terreiros

Terreira é um termo genérico para os templos da tradição de matriz africana no Rio Grande do Sul, mas devido à influência da literatura sobre o Candomblé o termo "terreiro" também tem sido empregado. Para Juana Elbein dos Santos, o terreiro é um espaço de propagação de valores civilizatórios africanos, são verdadeiras "mini Áfricas":

> *Assim, o século XIX viu transportar, implantar e reformular no Brasil os elementos de um complexo cultural africano que se expressa atualmente através de associações bem organizadas, ẹgbẹ́, onde se mantém e se renova a adoração das entidades sobrenaturais, os òrìṣà, e a dos ancestrais ilustres, os égun.*[117]

Outra forma muito comum de chamar este espaço é "casa de religião". Este último desperta curiosidade, pois, geralmente, os terreiros também são as moradias do/a sacerdote/sacerdotisa. Este termo talvez esteja alicerçado na compreensão de que é um lugar onde se pratica a religião, os ritos específicos e internos, pois para essa tradição não apenas aquele é o espaço sagrado. Encruzilhadas, matas, praias, cachoeiras e pedreiras são lugares tão sagrados quanto os terreiros, mas é ali em que são realizadas as iniciações e onde estão os altares das divindades, os Òrìṣà. Assim, o terreiro se inscreve como um *axis mundi*, um local que liga o mundo material ao mundo espiritual e também um *imago mundi*.

> *[...] se o Templo constitui um imago mundi, é porque o Mundo, como obra dos deuses, é sagrado. Mas a estrutura cosmológica do Templo permite uma nova valorização religiosa: lugar santo por excelência, casa dos deuses, ressantifi-*

---

[117] SANTOS, 1986, p. 32.

> *ca continuamente o mundo, uma vez que o representa e o contém ao mesmo tempo. Definitivamente, é graças ao Templo que o Mundo é ressantificado na sua totalidade. Seja qual for seu grau de impureza, o Mundo é continuamente purificado pela santidade dos santuários.*[118]

Volney J. Berkenbrock também vê no terreiro um espaço de unificação do cosmo, onde

> *"os terreiros são como ilhas africanas, isoladas em uma realidade estranha, onde todo o universo (Orum e Aiye) está reunido.*
>
> *[...] Ali pode ser trocado o Axé e garantida a dinâmica e a continuação da existência. Os terreiros são unidades completas e fechadas."*[119]

Contudo, materialmente, o que pode ser pensado dessa forma é o Yàrá Òrìṣà, o quarto de Òrìṣà ou "quarto de santo", um cômodo da casa destinado aos altares onde ficam os assentamentos coletivos dos Òrìṣà (*peji*) e os implementos sagrados. Geralmente este quarto fica dentro da casa de moradia dos sacerdotes e é contíguo à uma sala grande de estar. Esta sala se torna o salão de ritos após ter seus móveis removidos em dias das festas religiosas. O terreiro, efetivamente, compreende todo o espaço do terreno.

Os primeiros terreiros fundados na região de Porto Alegre ficavam fora da zona urbana, por isso dispunham de um grande espaço físico onde havia a casa de moradia dos sacerdotes, o Ilésin L'odè – uma casinhola onde ficam os assentamentos dos Òrìṣà L'odè (que

---

118 ELIADE, Mircea. *O sagrado e o profano*: a essência das religiões. 3ª ed. São Paulo: Martins Fontes, 2010. p. 56. Grifos do autor.

119 BERKENBROCK, 2007, p. 192.

ficam fora do Yàrá Òrìṣà): Èṣù L'odè, Ògún Avagan e Yánsàn[120] – além de um grande pátio para cultivo de plantas e ervas medicinais e litúrgicas, galinhas, cabritos e, em alguns casos, nos fundos, um espaço destinado ao Igbàlẹ̀, nome dado ao local de culto aos ancestrais.

Outro termo que vem sendo usado frequentemente, mas de forma muito recente também por influência do Candomblé é *Ilé* (casa) ou Ilé Àṣẹ (casa de Axé), porém figura mais na nomenclatura dos terreiros do que propriamente como forma corrente de se referenciar o espaço.

Também de uso recente é Comunidade Terreiro ou Comunidade Tradicional de Matriz Africana. Este tem uso mais político, já que o Governo Federal tem reconhecido os terreiros como espaços comunitários de resguardo de tradições africanas. A conceituação apresentada no Plano Nacional de Desenvolvimento Sustentável dos Povos e Comunidades Tradicionais de Matriz Africana é a que melhor define os terreiros:

> *Povos e comunidades tradicionais de matriz africana são definidos como grupos que se organizam a partir de valores civilizatórios e da cosmovisão trazidos para o país por africanos para cá transladados durante o sistema escravista, o que possibilitou um contínuo civilizatório africano no Brasil, constituindo territórios próprios caracterizados pela vivência comunitária, pelo acolhimento e pela prestação de serviços à comunidade.*[121]

---

[120] Segundo a tradição *Ijẹ̀ṣà*. Para outras tradições, de forma geral, além destes podem ter outras divindades que também têm seus assentamentos do lado de fora da casa principal.

[121] BRASIL. *Plano Nacional de Desenvolvimento Sustentável dos Povos e Comunidades Tradicionais de Matriz Africana* (2013-2015). Presidência da República. Secretaria de Políticas de Promoção da Igualdade Racial. 2013. p. 12.

No site oficial da Secretaria de Políticas de Promoção da Igualdade Racial da Presidência da República também há uma definição de comunidades tradicionais de matriz africana:

> *Comunidades tradicionais de matriz africana constituem espaços próprios de resistência e sobrevivência, que possibilitaram a preservação e recriação de valores civilizatórios de conhecimentos e da cosmovisão trazidos pelos africanos, quando transplantados para o Brasil. Caracterizam-se pelo respeito à tradição e aos bens naturais; o uso do espaço para a reprodução social, cultural e espiritual da comunidade; e a aplicação de saberes tradicionais transmitidos através da oralidade.*[122]

Devido à forma como se perpetuou essa tradição no estado, principalmente em Porto Alegre, não existem terreiros tão antigos quanto os da Bahia. Desta forma, só se pode conhecer o sistema de filiação religiosa dos sacerdotes gaúchos, a fim de se entender a perpetuação dessa mesma tradição. Em Porto Alegre, não existe uma hierarquia com cargos bem definidos como nos terreiros baianos. O Bàbálórìṣà ou a Ìyálórìṣà, centralizam em si todo o poder religioso. Assim o sacerdote de um terreiro gaúcho, além de responsável pelo templo, também tem a função de sacrificador, de iniciador, de oraculista e conselheiro.

Um sacerdote inicia uma pessoa que, eventualmente, pode se tornar também sacerdote e fundar seu próprio templo - daí o grande número de terreiros na capital e na região metropolitana. Quando do falecimento do sacerdote, geralmente, o terreiro é extinto – salvo raras-

---

[122] BRASIL. Secretaria de Políticas de Promoção da Igualdade Racial. *Comunidades tradicionais*. Disponível em: <http://www.seppir.gov.br/comunidades-tradicionais-1>. Acesso em: 23 maio 2014.

simas exceções. Devido aos fatos já descritos, quase ninguém sabe suas reais linhagens religiosas, pois são poucos os que têm essa preocupação. Conservamos essa parte da história da tradição *yorùbá*, da qual pudemos construir uma espécie de árvore genealógica que apresentamos a seguir: Esà Kujobá de Ṣàngó Àgódó, ex-escravizado que foi o introdutor da nação Ijẹ̀ṣà em Porto Alegre e, segundo Norton Corrêa[123], fundou seu terreiro na rua Taquari, próximo à igreja São Francisco, capital; Ìyá Celetrina de Ọ̀ṣun Dókó, iniciada por Kujobá entre 1900-1910; Bàbá Hugo de Yemọjá Bomi (*29/04/1904 +09/1953), iniciado por Celetrina em 1920; Ìyá Jovita de Ṣàngó Àgódó, iniciada por Hugo, tinha casa na rua Outeiro, no bairro Partenon; Ìyá Miguela de Èṣù Ajelu (*1924), iniciada em 1944 por Jovita fundou sua casa também no bairro Partenon, na capital; Bàbá Gelson de Èṣù L'odé (*1948), iniciado por Miguela em 1966, fundou sua casa no bairro Monte Belo, na cidade de Gravataí/RS, região metropolitana de Porto Alegre; Bàbá Pedro de Ọ̀ṣun Dókó, iniciado por Gelson em 1984, fundou seu terreiro na Vila João Pessoa, bairro da capital; Bàbá Pedro nos iniciou nessa tradição em 2002.

Entrementes, existem referências às outras Nações. Segundo a tradição oral, a Nação de Ọ̀yọ́ foi trazida para Porto Alegre por uma princesa africana conhecida como Mãe Emília de Ọya Lajá. Outra fonte da mesma tradição seria a da Mãe Ermínia de Ọ̀ṣun. Efetivamente este "lado" / Nação está quase extinto devido a poucos vivenciadores dessa tradição. Sacerdotes importantes desta tradição foram Pai Antoninho de Ọ̀ṣun, Mãe Moça de Ọ̀ṣun, Mãe Araci de Ọdẹ, Mãe Pequerrucha de Yánsàn, Pai Luiz do Bara entre outros.

Outra tradição em franca extinção é a chamada Jeje pura, ou ainda Jeje-Nagô. Sua origem é incerta, mas a tradição oral afirma que um príncipe africano que foi batizado no Brasil como Joaquim Custó-

---

[123] CORRÊA, 2006, p. 53.

dio de Almeida teria trazido uma corte de 48 pessoas entre elas uma sacerdotisa que é conhecida apenas como Chininha de Ibéji ou de Ṣàngó Agànjú[124]. Chininha teria iniciado o famoso Joãozinho de Bara, que foi quem disseminou esta Nação tanto em Rio Grande quanto nos países do Prata. Desta vertente ainda há sacerdotes famosos como Pai Pirica de Ṣàngó, Pai Tião de Bara, Pai "Zé da Saia" de Sobo, Mãe Catarina de Ògún, Pai Volter de Ògún, Pai Renatinho de Ògún, Pai Leo de Ọ̀ṣàálá, Baba Diba de Yemọjá entre outros. Notem que todos possuem nomes iniciáticos que carregam o nome de Òrìṣà e não de Vodun, que deveria ser o correto. Isto se justifica pelo termo Jeje-Nagô que nomeia esta tradição e que merece um estudo mais profundo que deixaremos para outro trabalho.

A Nação Cabinda é a mais controversa de todas, já que Cabinda é um enclave angolano – território bantu portanto – mas cultua os Òrìṣà e os *Vodun* do complexo cultural jeje-nagô e não os *Nkisi*, as divindades cultuadas entre os bantu. Isto tem gerado muitas polêmicas entre os vivenciadores, pois os fatos mais discutidos são a legitimidade da origem. É consenso entre os vivenciadores dessa tradição que o seu fundador seria Waldemar Antonio dos Santos de Ṣàngó Kamuka. Na obra etnográfica de Norton Corrêa[125] esta nação é chamada de Cambini ou Cambina e que seu fundador teria sido um africano chamado Gululu, um nome claramente de origem bantu.

Em janeiro de 2008 publicamos um pequeno artigo de nossa autoria no jornal "Bom Axé", um periódico local focado na tradição afro-brasileira. Neste artigo, levantamos a probabilidade de Waldemar e Gululu serem a mesma pessoa e que seu Òrìṣà, Kamuka, seria uma referência a um Nkisi Nsi talvez da família de Nzazi, divindade da justiça e do trovão.

---

124 XANGÔ Sol. Disponível em: <http://www.xangosol.com>. Acesso em: 21 abr. 2014.

125 CORRÊA, 2006, p. 55.

O hibridismo com a divindade *yorùbá* Ṣàngó seria o viés pelo qual esta outra, bantu, se perpetuou até nossos dias. Esta probabilidade explicaria o nome Cabinda como designativo desta nação, em alusão ao fato de seu fundador ser oriundo deste local, mas a resistência à dominação senhorial só permitiu a sua perpetuação pela hibridização com divindades de outras origens.[126]

No site da Embaixada de Angola há uma referência a um grupo étnico chamado mbunda/kamuka de migrantes do centro do país para a divisa com a Zâmbia, no século XIX. Embora o nome idêntico ao propagado aqui, não é possível estabelecer uma ligação direta entre este grupo étnico e o território de Cabinda que fica muitas centenas de quilômetros ao norte. Na contramão dessa teoria temos Rudinei Borba, um sacerdote e pesquisador autodidata que tenta provar que a origem desta nação não é o enclave angolano, mas sim a própria Nigéria, país dos *yorùbá*, fazendo uma análise da nomenclatura da nação a partir da forma como os antigos vivenciadores a chamavam: cambina.

É sabido que a língua *yorùbá* costuma fundir uma frase inteira em uma única palavra. Pensando dessa forma, Borba[127] compõe a sua teoria relacionando o culto propalado no Rio Grande do Sul com um herói mítico iorubano chamado Okambi que, segundo ele, é o "deus do fogo" que em *yorùbá* se diz ìná. Juntando as duas palavras teríamos Okambìná. A tentativa deste pesquisador é legitimar a origem *yorùbá* do culto hoje chamado de Cabinda, desqualificando a teoria da origem bantu e redirecionando-a ao território nigeriano. Em conversa recente, Borba desacredita esta teoria, por não haver como comprovar. Registramos isto com o intuito de demonstrar que novas respostas podem surgir para velhas indagações.

---

[126] SILVEIRA, Hendrix. Quem é Kamuká? *Jornal Bom Axé*. Ed. 32. Porto Alegre, p. 10, jan. 2008.

[127] Comunicação pessoal, por e-mail.

2.4.3 ASPECTOS LITÚRGICOS

Diferente do que acontece em África, o termo Òrìṣà designa, no Brasil, todos os Irunmalẹ̀, inclusive no Rio Grande do Sul. Na capital são cultuados treze Òrìṣà distintos: Bara (Èṣù), Ogun, Iansã (Ọya), Xangô, Odé, Otin, Ossanha (Ọ̀sányìn), Xapanã (Ṣàn-pònná), Obá, Ibeji, Oxum, Iemanjá e Oxalá. São realizados três tipos específicos de ritos: o *borí*, o Ọ̀sẹ́ e o ìsinkú.

Estes ritos serão melhor explicados no capítulo "*Afroteologia: teologizando as religiões de matriz africana*", adiante, mas podemos adiantar que o *borí* é a cosmologização do indivíduo, quando a pessoa é reintegrada ao cosmo a partir de um rito específico e individual. Neste rito, que dura quatro dias, são imolados animais sagrados sobre o corpo do iniciado, que logo ficará em reclusão não podendo ter contato com o mundo exterior. Com o rito concluído, a pessoa passa a se integrar a comunidade, além de se tornar um ser humano pleno, por esta cosmovisão.

O Ọ̀sẹ́ é o rito anual que interrompe o ciclo temporal de um ano. Durante este rito longo e complexo, o cosmo é reconstituído por meio da destruição e reconstrução dos altares; substituição das águas sagradas; recomposição do fogo e das sacralizações por meio de imolações de animais também sagrados, e purificação de toda a comunidade. Ainda durante este rito há duas festas públicas onde, dos animais imolados, é feito um banquete em que são servidos pratos dos mais variados tipos pertencentes à gastronomia *yorùbá*, bantu e também o que era oferecido de alimento aos escravizados. Esses banquetes são obrigatórios e abertos a todos que quiserem comer, de fato chega-se a distribuir bandejinhas aos participantes que estão indo embora, no final da festa, para que não sobre nada. Este ato se chama "mercado", o que nos lembra o conceito *yorùbá* de mercado e a forma de devolução dos tributos cobrados pelo rei, nos banquetes cerimoniais coletivos.

Um fator importante que assinalamos é que para prepararem seus pratos típicos no Brasil, foram necessárias adaptações ao novo meio, aproveitando os ingredientes que estavam disponíveis nas regiões em que estavam locados. Daí a diferença entre a culinária afro-brasileira de Salvador, por exemplo, e a de Porto Alegre. Outro fator interessante são as vestimentas cerimoniais (aṣọ). Enquanto os baianos buscaram suas raízes nas vestimentas africanas, a mulher gaúcha preferiu embelezar-se com vestimentas que lembram as sinhazinhas do século XIX, assim como o homem usava bombachas e camisa de estilo gauchesco. Somente no final do século XX e início do XXI, mediante um processo denominado reafricanização, e que ainda está em andamento, é que houve uma reformulação do aṣọ, com a intenção de se aproximar mais do tradicional abadá africano.

O ìsinkú é o ritual fúnebre, relacionado diretamente com a escatologia e soteriologia dessa tradição. Nele não é celebrada a partida de um ente querido, mas sua entronização no mundo dos ancestrais, o que aumenta sua força e sua participação no mundo dos vivos.

2.5 AS DIFERENÇAS SOCIAIS DO BATUQUEIRO

Longe de tentarmos fazer um estudo sociológico dos vivenciadores do Batuque, gostaríamos de salientar alguns aspectos observados por nós no transcorrer de nossa vivência e de nosso processo iniciático, pois é interessante notarmos a sua mobilidade social. Inicialmente, a comunidade batuqueira era constituída por negros pobres e analfabetos das regiões periféricas da capital; aos poucos foram acolhidos brancos pobres e semianalfabetos. Na década de 1940, as comunidades eram constituídas por negros pobres semianalfabetos e brancos de classe média-baixa. É mais ou menos nesta época que a Umbanda, uma religião sincrética originária da sociedade de classe média-alta carioca, se introjeta nas casas de batuque. Os africanistas gaúchos adotam a Umbanda como uma segunda religião, praticada semanalmente, enquanto festejam os Òrìṣà anualmente. Na década de 1970, já existem muitos sacerdotes brancos, com filhos de santo de classe média-alta. Nos anos 1990 temos uma grande migração dos negros pobres para as igrejas evangélicas, enquanto os brancos ricos procuram os sacerdotes africanistas também brancos para resolverem seus problemas.

O nível cultural dos praticantes caminha para uma homogeneidade de ensino médio com alguns praticantes de nível superior. Na virada do século, busca-se mais do que conhecimento empírico. O conhecimento acadêmico é entendido como um fator determinante para a superação de um problema que cresceu muito desde o final dos anos 1980 e início dos 1990: a perseguição evangélica às tradições de matriz africana. É fundada, em São Paulo, a Faculdade de Teologia Umbandista (FTU), que defende uma posição isonômica com as demais tradições religiosas que já possuem os estudos teológicos como basilares na compreensão das questões da fé. No Rio Grande do Sul foi fundada a Escola de Filosofia e Teologia Afrocentrada (ESTAF), que promove cursos livres de Teologia das tradições de matriz africana com o objetivo de superar a intolerância religiosa e o racismo. A intenção é tornar os sacerdotes africanistas e umbandistas merecedores do crédito que é dado gratuitamente aos padres católicos e pastores protestantes.

Segundo o censo 2010 do Instituto Brasileiro de Geografia e Estatística, o número de brancos já supera o de negros na vivência das tradições de matriz africana e Umbanda. Este número, provavelmente, se dá pela grande participação de brancos na Umbanda, que ainda é muito vinculada às tradições africanas nos censos (muitos censores ignoram mesmo a diferença entre elas). No Rio Grande do Sul, em censo promovido pelo Ministério do Desenvolvimento Social e Combate à Fome, em 2010, o projeto Mapeando o Axé descobriu que existem mais mulheres que homens como sacerdotes e que sua maioria é negra. Curiosamente, entre os sacerdotes homens, a maioria é branca. Especulamos que este seja em decorrência de dois fatores: muitos são homossexuais, donos de seus próprios negócios (geralmente cabeleireiros), o que permite a dedicação ao culto e o alcance dos estágios iniciáticos mais elevados; e a questão econômica, pois muitos são homens brancos desempregados que atuam como sacerdotes profissionais (em que pese às críticas da comunidade). Os homens brancos são mais preocupados com os estudos; os negros são mais preocupados com os fundamentos. É possível que, no futuro, a religião dos negros seja praticada por brancos de classe abastada, formados em teologia, antropologia ou história.

Um dos aspectos da barbárie europeia
foi chamar de bárbaro o outro, o diferente,
em vez de celebrar essa diferença e de ver nela
uma ocasião de enriquecimento do conhecimento
e da relação entre humanos.

Edgar Morin[128]

[128] MORIN, Edgar. *Cultura e barbárie europeias.* (trad. Daniela Cerdeira). Rio de Janeiro: Bertrand Brasil, 2009. p. 51.

O EPISTEMICÍDIO DA TRADIÇÃO DE MATRIZ AFRICANA E A DESTITUIÇÃO DOS SABERES ANCESTRÁLICOS AFRICANOS

Introdução

Como vimos no capítulo anterior, no início da exploração econômica das terras descobertas no continente americano os colonos buscavam na mão de obra escrava a melhor forma para rentabilizar a produção agrícola da região. Em 1517, um nobre espanhol obteve licença para trazer negros africanos para trabalhos na ilha de São Domingos, começando aí o tráfico de milhares de negros para todo o continente americano. O enorme desenvolvimento que a escravidão tomou em todo o continente, está ligado ao surto da economia açucareira, que exigia abundante mão de obra nas plantações.

Mas por que os negros? Ora, os negros eram mestres nas técnicas de agricultura tropical, na pecuária ostensiva, na metalurgia e na mineralogia. Esses fatores foram determinantes para se utilizar a mão de obra negra nas colônias americanas. Contudo, não se esperava que viessem por livre e espontânea vontade, tampouco eram convidados. A escravidão de africanos se deu por um processo legitimado por uma ideologia que justificava a sua escravização. Essa ideologia inferiorizava o negro "*ontológica, epistemológica e teologicamente*"[129]. Para o europeu, o negro era um ser inferior e essa inferioridade foi justificada tanto pela religião quanto pela ciência. A esse processo dá-se o nome de epistemicídio.

Na obra *Epistemologias do sul*, que organiza, Boaventura de Sousa Santos publica um artigo onde nos define epistemicídio como um "*fascismo epistemológico [...] cuja versão mais violenta foi a conversão forçada e a supressão dos conhecimentos não ocidentais levados a cabo pelo colonialismo europeu e que continuam hoje sob formas nem sempre mais subtis.*"[130] Ou seja, os saberes dos outros são inferiorizados diante dos saberes ocidentais europeus brancos. Os outros saberes, muitas vezes, quando levados em conta, são classificados pelo prefixo "etno", para indicar que estes são locais, de pequenos grupos, e que não se aplicam à totalidade da espécie humana, ou seja, não são universais.[131] É o caso da etnomatemática, da etnofilosofia, etc. A intenção deste capítulo é entendermos como este processo se deu, quais elementos foram constituídos para a destituição epistemológica africana e quais os resultados concretos disto.

---

[129] MUNANGA, Kabengele. *Negritude*: usos e sentidos. 3. ed. Belo Horizonte: Autêntica, 2009. p. 27. [Material gentilmente cedido pelo Prof. Jayro Pereira de Jesus]

[130] SANTOS, Boaventura de Sousa. Um ocidente não-ocidentalista?: a filosofia à venda, a douta ignorância e a aposta de Pascal. In: SANTOS, B. S.; MENESES, Maria Paula (org.). *Epistemologias do sul.* Coimbra: Almedina, 2009. p. 468.

[131] Filósofos africanos tais como Kwasi Wiredu, Eboussi Boulaga, Marcien Towa, Paulin Hountondji fazem duras críticas a essa questão.

3.1 CULTURA E BARBÁRIE EUROPEIAS[132]: CONSTRUÇÃO DE UMA IDENTIDADE EUROCÊNTRICA E EPISTEMICIDA

3.1.1 CRISTIANOCENTRISMO

Para o historiador francês Fernand Braudel, o tempo histórico pode ser dividido em curto, médio e longo. O tempo curto é o dos eventos casuais, das ações políticas, da vida quotidiana; o tempo médio é o da conjuntura, dos eventos cíclicos, da economia; e o longo é o das estruturas, da cultura, eventos que passam desapercebidos[133]. Justamente por ser "tempo longo", a cultura é o que mais se introjeta no modo de vida do ser humano. Dita comportamentos, cria paradigmas, axiologias e axiomas. A seguir veremos elementos que foram cruciais para que o epistemicídio das tradições de matriz africana se tornasse realidade.

Paul Tillich nos ensina que a relação da religião com a cultura é inalterável. É neste contexto que exprime sua máxima: a "*religião é a substância da cultura e a cultura é a forma da religião*"[134]. Essa afirmação pode ser entendida como afirmar que a cultura é produzida pela religião, quando esta é a preocupação suprema de uma sociedade. Se Tillich tiver razão – e cremos que tem –, podemos asseverar que a cultura da Idade Média é fruto da preocupação do europeu com Deus. Esta preocupação gerou uma série de elementos culturais que nos chegam aos dias de hoje. Eliade concorda com Tillich, pois entende que:

---

[132] Tomamos emprestado o título da obra de Edgar Morin (já citada). Formado em Direito, História e Geografia, realizou estudos em Filosofia, Sociologia e Epistemologia. É pesquisador emérito do Centre National de la Recherche Scientifique e é considerado um dos principais pensadores sobre a complexidade e um dos mais importantes do século XX e XXI. Francês de origem judaica sefardita, é autor de mais de trinta livros. (fonte destas informações: <http://www.edgarmorin.org.br>)

[133] BRAUDEL, Fernand. *Escritos sobre a história*. 2. ed. São Paulo: Perspectiva, 1992.

[134] TILLICH, 2009. p. 83.

> *[...] o "sagrado" é um elemento da estrutura da consciência, e não um estágio na história da consciência. Um mundo com sentido – e o Homem não pode viver no "caos" – é o resultado de um processo dialético a que se pode chamar manifestação do sagrado. A vida humana adquire sentido ao imitar os modelos paradigmáticos revelados por seres sobrenaturais. A imitação de modelos transumanos constitui uma das características primárias da vida "religiosa", uma característica estrutural indiferente à cultura e à época.*[135]

Na mesma linha também temos o que talvez seja a obra mais importante para os estudos antropológicos do século XX: *A interpretação das culturas*, do antropólogo estadunidense Clifford Geertz. Nesta obra, o autor nos assevera que as culturas são "*sistemas entrelaçados de signos interpretáveis, a cultura não é um poder, algo ao qual possam ser atribuídos casualmente os acontecimentos sociais, os comportamentos, as instituições e os processos; ela é um contexto, algo dentro do qual eles podem ser descritos com densidade.*"[136] Em outro momento e utilizando-se do conceito de cultura teorizado por Max Weber, Geertz considera que o ser humano é um animal preso a uma teia de significados que ele mesmo teceu – a própria cultura – que se expressa como "*um padrão de significados transmitidos historicamente, incorporado em símbolos, um sistema de concepções herdadas expressas em formas simbólicas por meio das quais os homens comunicam, perpetuam e desenvolvem seu conhecimento e suas atividades em relação a vida.*"[137]

Dando ênfase ao fenômeno da religião nas sociedades, Geertz diz que:

---

[135] ELIADE, Mircea. *Origens*: história e sentido na religião. Lisboa: Edições 70, 1989. p. 10.

[136] GEERTZ, 2008. p. 10.

[137] GEERTZ, 2008, p. 66.

> *[...] os símbolos sagrados funcionam para sintetizar o ethos de um povo – o tom, o caráter e a qualidade da sua vida, seu estilo e disposições morais e estéticos – e sua visão de mundo – o quadro que fazem do que são as coisas na sua simples atualidade, suas ideias mais abrangentes sobre ordem. Na crença e na prática religiosa, o ethos de um grupo torna-se intelectualmente razoável porque demonstra representar um tipo de vida idealmente adaptado ao estado de coisas atual que a visão de mundo descreve, enquanto essa visão de mundo torna-se emocionalmente convincente por ser apresentada como uma imagem de um estado de coisas verdadeiro, especialmente bem-arrumado para acomodar tal tipo de vida. De um lado, objetivam preferências morais e estéticas, retratando-as como condições de vida impostas, implícitas num mundo com uma estrutura particular, como simples senso comum dada a forma inalterável da realidade. De outro lado, apoiam essas crenças recebidas sobre o corpo do mundo invocando sentimentos morais e estéticos sentidos profundamente como provas experimentais da sua verdade. Os símbolos religiosos formulam uma congruência básica entre um estilo de vida particular e uma metafísica específica (implícita, no mais das vezes) e, ao fazê-lo, sustentam cada uma delas com a autoridade emprestada do outro. [...] a religião ajusta as ações humanas a uma ordem cósmica imaginada e projeta imagens da ordem cósmica no plano da experiência humana.* [138]

Em seu *Ensaios sobre o conceito de cultura*, Zygmunt Bauman nos ensina que o termo cultura necessita ser analisado tanto como

---

[138] GEERTZ, 2008, p. 66-67.

"conceito", como "estrutura" e como "práxis". A que mais nos interessa neste trabalho é o sentido que Bauman dá à cultura como estrutura. Neste contexto, "*a estrutura é uma rede de comunicação no seio de um conjunto de elementos ou ainda o conjunto de regras de transformação de um grupo de elementos inter-relacionados e de suas próprias relações.*"[139] Segundo ele, a cultura enquanto estrutura se coloca como base para a ordenação de uma perspectiva ontológica e epistemológica, organiza a sociedade e prognostica a realidade do povo que vivência aquela cultura. Nestas condições o ser humano é um sujeito objetivado pela cultura.

O cristianismo foi o grande construtor, digamos assim, da cultura europeia e, por conseguinte, da ocidental. Os europeus e eurodescendentes tem como marca cultural a religiosidade cristã. Está nos nossos costumes, nos nossos modos de ver o mundo, de viver, de falar e se expressar e até nas nossas leis[140]. Embora vivamos numa sociedade secularizada, não estamos livres de paradigmas religiosos. A Igreja se inscreve como o centro irradiador de ideias que fomentam comportamentos, contudo estes comportamentos também têm seu lado negativo.

Temos chamado de *cristianocentrada* a sociedade cuja cultura tem como valores os cristãos, tanto com seus imensos bônus quanto com os mais terríveis ônus. É muito difícil para a sociedade ocidental e, sobretudo, a brasileira, se perceber como cristianocentrada. Mesmo ateus que lutam "religiosamente" para serem reconhecidos e respeitados como tais, têm comportamentos regulados por uma visão cristã (e no caso do Brasil, católica) de sociedade, de humanidade, enfim, de mundo. Contudo, quanto mais a sociedade se seculariza, ou seja, quanto mais se afasta do sagrado, mais distante fica da mensagem positiva da

---

139 BAUMAN, 2012. p. 185.

140 Por exemplo o casamento monogâmico que vigora até hoje (artigo 235 do Código Penal Brasileiro) e sobretudo a lei que submetia as mulheres à dependência do pai quando solteiras e do marido quando casadas. Esta última não vigora mais, mas será que culturalmente não funciona ainda assim?

religião e, consequentemente, mais evidente fica o lado negativo dela. Edgar Morin nos explica bem como isto se origina:

> *O monoteísmo judeu, e em seguida cristão, trouxe, juntamente com o seu universalismo potencial, a sua intolerância específica – que eu até chamaria de barbárie específica –, fundada sobre o monopólio da verdade da sua revelação.*
>
> *Com efeito, o judaísmo não podia senão conceber deuses romanos como ídolos sacrílegos. E o cristianismo, com o seu proselitismo universalista, viria apenas a acentuar essa tendência. Enquanto o judaísmo tinha a possibilidade de se manter isolado, nessa aliança privilegiada que acreditava manter com Deus, o cristianismo procurou destruir os outros deuses e as outras religiões.*[141]

O universalismo destacado na crítica de Morin, encontra eco em François Jullien. Segundo este filósofo francês a ideia do "universal" provém do apóstolo Paulo; antes dele, as visões de mundo eram totalmente comunitárias. Como Paulo pensa em grego, leva para o cristianismo a ideia de universalidade grega. Ao pregar a loucura da Cruz, Paulo promove a universalidade pelo menos de três maneiras: liberta mais abertamente de todo laço (com o meio, a língua, a comunidade); obriga mais radicalmente a superar toda divisão (dos judeus e dos gregos, ou dos eleitos e dos excluídos etc.); e obriga, enfim, todo sujeito a esvaziar-se de sua plenitude individualizante, de opinião e de posição, para alcançar o despojamento interior exigido pela fé.

Ora, é apenas pela fé, não pelas obras da lei (Romanos, 3, 27), que a mensagem cristã é tornada igualmente acessível a todos os ho-

---

[141] MORIN, 2009, p. 20-21.

mens e que eles constituem um.[142] Contudo, para Jullien, isto só é possível porque o apóstolo dos gentios não teve um contato físico com Jesus Cristo. O contato de Paulo com Cristo foi metafísico, espiritual. Esta falta de "*visu*" alijou Paulo de uma visão mais individualizante de Cristo. Jesus passa a não ter mais um aspecto étnico; deixa de ter uma aparência palestiniana para se tornar um Ser que transcende a materialidade; se torna um Ser exclusivamente espiritual, facilitando assim a sua penetração em outros povos; se torna universal.

> *Cristo exprimia-se em aramaico [...], Paulo fala (pensa) grego: Paulo desvincula dessa forma a mensagem cristã de seu verbo nativo. [...] Mais que isso: falando grego, Paulo conecta ao mesmo tempo a mensagem evangélica a essa língua calejada de falar o universal, que é o logos dos gregos, desvencilhando de sua ganga mítica. [...] difunde a mensagem de uma seita, como existiam tantas outras nessa época, e mais ou menos taumatúrgica, na língua provocada a articular as coerções racionais da verdade [...] Ao encontrar o grego e sua exigência, a mensagem cristã muda de qualificação: não apenas se beneficia, a título de veiculadora, da língua mais disseminada de uma ponta à outra do mundo romano, favorecendo dessa forma sua difusão, como encontra nela o recurso, que facilita sua compreensão (do que já se beneficiara a Septuaginta), de explorar a língua da filosofia.*[143]

Assim, o cristianismo expandiu-se paulatinamente até o século IV e, ao se tornar uma religião de Estado com o imperador Constanti-

---

[142] JULLIEN, François. *O diálogo entre as culturas*: do universal ao multiculturalismo. Trad. André Telles. Rio de Janeiro: Jorge Zahar Ed., 2009. p. 72. [Material gentilmente cedido pelo Prof. Jayro Pereira de Jesus]

[143] JULLIEN, 2009, p. 73-74.

no I, ganha muita força. O cristianismo se propaga na Europa, mas sua mensagem encontra forte resistência dentre as populações que têm nas antigas religiões tradicionais um arcabouço civilizatório. É aqui que o cristianismo demonstra as raízes da barbárie que pode se tornar:

> *A Igreja, de concepção "romana", já passara por ambos, como fez Roma, pelo universal e pelo comum: ao se denominar "católica", isto é, apropriando-se do conceito lógico do universal (o katholu dos gregos), ela mostrara com aquilo que não passa sempre historicamente (empiricamente) de uma comunidade ou "assembleia" particular, "igreja" (ecclesia: a dos batizados), podia atribuir-se a missão de exportar para toda parte mundo afora, convertendo à força e raramente por convicção, a verdade absoluta – prévia a toda diversidade humana, uma vez que dirigindo-se a todos e transcendendo todas as eras – por ela reconhecida. Aquilo de que Paulo, o apóstolo das nações, não cessando de fundar comunidades e trabalhando para difundir a boa-nova "até nos confins da terra" para abrir a todos os homens o caminho da Salvação, é efetivamente o promotor. [...] Pois, diante da diferença das culturas e da resistência dos outros cultos e das outras crenças, a Propaganda da Fé da qual a Igreja triunfante assumiu a responsabilidade histórica não mais se contentou em levar cada vez mais longe sua mensagem: tornou-a definitivamente inconciliável e, entregando-se assim à erradicação apaixonada de qualquer outra concepção, vestígio de "superstição", acabou por revestir seu universalismo com esse exclusivismo de que todo comum é ameaçado.*[144]

[144] JULLIEN, 2009, p. 80.

Novamente trazemos Edgar Morin e sua análise do que chama de barbárie europeia: para Morin, o cristianismo usa Satanás como arma contra os povos já citados. O que este autor enfatiza é que o outro, o diferente, precisa se tornar igual para ser respeitado ou tolerado, por isso a necessidade de que abandonem suas práticas tradicionais e se convertam à verdade, que é Cristo. Satanás, que para o judaísmo é o acusador e está a serviço de Deus, aqui se apresenta como o símbolo da negação da verdade de Cristo, é a própria encarnação do mal que assola a humanidade:

> *Uma das armas da barbárie cristã foi a utilização de Satanás. Obviamente, é preciso ver nessa figura o separador, o rebelde, o negador, o inimigo mortal de Deus e dos humanos. Aquele que se opuser e que não quiser renunciar à sua diferença fatalmente estará possuído por Satanás. Essa máquina argumentativa delirante foi uma das formas encontradas pelo cristianismo para exercer a sua barbárie. [...] E mesmo quando surgiram no interior do cristianismo triunfantes correntes de pensamento variadas, interpretações diferentes da mensagem da origem, em vez de tolerá-las, ele reagiu, elaborando uma ortodoxia impiedosa, denunciando os desvios como heresias, perseguindo e destruindo com ódio, em nome da religião do amor.*[145]

Este período da história ajudou a construir a Idade Média. O entendimento de que o mundo pertence ao maligno[146] pode ter feito com que a Igreja idealizasse uma vida que excluísse o mundo, fazendo surgir as ordens regulares. Contraditoriamente, a cúpula da Igreja, o

---

145 MORIN, 2009, p. 21. Grifo nosso.

146 LUCAS (Lc 4:5-6). In: BÍBLIA online. Disponível em: <http://www.bibliaonline.com.br/>. Acesso em: 09 jun. 2014.

papado, se seculariza acabando por se tornar um centro político poderoso que influência toda a Europa cristã. Quando o Império Romano do Ocidente cai sob o poder dos reis bárbaros, em 474, o cristianismo já estava consolidado em todas as regiões dominadas pelo Império. Contudo, os temores diante da ameaça da perda de poder se esvaíram quando o rei dos francos Clóvis I, da dinastia merovíngia, se converteu, em 496. A relação entre a Frância e a Igreja estabeleceu uma relação próspera e duradoura para ambos.

Em 620, Maomé se torna o grande profeta do islã. Esta religião rapidamente se prolifera por toda Península Arábica servindo de unificação do povo árabe disperso em tribos politeístas. O islã não se preocupava com questões étnicas, pois também pensavam que sua religião era universal:

> *[...] o islã cessara de constituir uma religião exclusivamente árabe; a nova fé lograra aliar e assimilar os mais diversos elementos étnicos para fundi-los no crisol de uma comunidade cultural e religiosa única. Nascido sob o sol ardente da península arábica, o islã soubera aclimatar-se a diferentes latitudes e junto a povos tão distintos quanto os camponeses da Pérsia, do Egito e da Espanha, os nômades berberes somalis e turcos, os montanheses afegãos e curdos, os párias da Índia, os comerciantes soninquês e os dirigentes do Kãnem. Numerosos dentre estes povos se haviam tornado, por sua vez, ardentes defensores do islã, retomando a flâmula das mãos dos árabes e propagando a fé em novas direções.*[147]

[147] HRBEK, Ivan. A África no contexto da história mundial. In: FASI, M. El; HRBEK, I. (ed.). *História geral da África III*: África do século VII ao XI. Brasília, DF: UNESCO, 2010. p. 02.

Entre a Arábia e a África já havia relações comerciais, inclusive de pessoas para o trabalho escravizado, desde meados do século VI[148]. Usando de uma estratégia simples – os árabes só comercializavam com quem se convertesse – somado à "*cultura xenofílica africana*"[149], o islã penetrou com facilidade no continente se propagando por quase toda a costa desde Moçambique, passando pelo Egito, África Mediterrânica e Magreb. Em 711, em menos de 100 anos da hégira, um dos grandes estrategistas militares muçulmanos, Tariq ibn Ziyad, invade e domina quase toda a península ibérica liderando um exército de berberes na travessia do estreito que separa a África da Europa e que mais tarde levaria o seu nome[150]. Tariq morre em 720, mas seu sucessor, Abd-ar-Rahman al-Gafiqi, prossegue com as invasões a partir do Califado de Córdoba, mas em 732 ele e seu exército tem uma imensa derrota em Poitiers, na fronteira com a França. Foram barrados por Carlos Martel que se tornou o grande herói da cristandade de então.[151]

A Igreja logo percebe que o islã é poderoso militarmente e crescente demograficamente. Estabelecer relações com reinos igualmente poderosos era a forma para que o próprio cristianismo sobrevivesse. Assim, no ano 800, o rei carolíngio dos francos, Carlos Magno, é feito Imperador do Ocidente. Antes dele o rei Pepino, o Breve, já havia doa-

---

[148] Segundo Munanga (2005), os africanos eram escravizados pelos árabes islâmicos principalmente para ocupar os papéis de eunucos (homens) e concubinas (mulheres). Ainda segundo o professor, a Arábia Saudita foi o último país do mundo a abolir a escravidão, em 1960.

[149] MOORE, Carlos. *Racismo e sociedade*: novas bases epistemológicas para entender o racismo. Belo Horizonte: Mazza Edições, 2007, p. 150.

[150] O estreito de Gibraltar deve seu nome ao termo árabe *jabal al-Tariq*, que significa "montanha de Tariq".

[151] No final deste século estes mesmos bérberes tentam invadir o reino do Gana, na África Ocidental, e são rechaçados pelo poderoso rei Kaya Maghan Cissé, que com isso acaba expandindo seu reino transformando-o no Império do Gana, onde se estabelece como seu primeiro imperador. Sobre isso ver KI-ZERBO, Joseph. *História da África Negra*. 3. ed. rev. atual. Portugal: Europa-América, 1999. 2 v.

do uma série de terras conquistadas dos povos bárbaros ao papado, instituindo assim os Estados Pontifícios.

A aliança com os reis francos era extremamente necessária para a manutenção e o aumento da força do cristianismo no continente. O fruto dessa aliança é a Idade Média propriamente dita, com sua nobreza, castelos, o estabelecimento do feudalismo como sistema político e econômico. A cultura medieval e seus heróis, como retratados nos filmes épicos hollywoodianos (Robin Hood, Rei Arthur, Coração Valente etc.), se estabelece a partir daí. A busca pelo sagrado cristão se torna uma perseguição à santificação humana. O uso da figura dos santos sincretizados com os deuses e deusas do paganismo europeu foi crucial para a conversão dos povos bárbaros e para a expansão do cristianismo. As cruzadas surgem aqui não apenas com o intuito de dominação territorial, mas também cultural e econômica. Para Dussel, por exemplo, "*as Cruzadas representam a primeira tentativa da Europa latina de impor-se no Mediterrâneo Oriental*"[152] e assim se tornar o centro do sistema mundo. Todos estes fatores desencadearam noutro elemento-chave para entendermos o relacionamento entre a Europa e a África nos séculos que se seguiram: o eurocentrismo.

3.1.2 EUROCENTRISMO

A ideologia que constitui a Europa e seus elementos culturais como referência ou modelo, no contexto da sociedade moderna, é o eurocentrismo. É uma doutrina que afirma a cultura europeia como a pioneira da história, consequentemente, a mais evoluída e, logo, superior, devendo ser referência mundial para todos os outros povos. "*O Eurocentrismo está assentado sobre noções de supremacia branca que foram propostas para proteção, privilégio e vantagens da população branca na*

---

[152] DUSSEL, 2005. p. 25.

educação, na economia, política e assim por diante."[153] É o resultado da construção iluminista sobre si mesma.

O cristianismo aqui não é descartado, mas sim ressignificado, secularizado. Se entende como herdeiro do racionalismo e do universalismo gregos, e comprometido com os valores cristãos incrustados numa interpretação da máxima "*ide por todo o mundo, pregai o evangelho a toda criatura.*"[154] Este comprometimento gerou os discursos de xenofobia[155] disfarçada de missão civilizadora que, por fim, deságuam no colonialismo.

Para Enrique Dussel, a Europa como centro do sistema mundo, ou seja, ser a terra (o povo) que norteia as propostas políticas e econômicas mundiais, é uma construção ideológica que não contempla a História da humanidade como um todo. Para este autor, a noção de modernidade está intimamente vinculada à noção da Europa como centro das relações mundiais. Em seu artigo *Europa, modernidade e eurocentrismo*[156], Dussel nos mostra como a Europa construiu sua ideologia segregadora. Para comprovar isso ele desenha minuciosamente o caminho pelo qual a Europa chega a este ponto.

O ponto chave é o entendimento do que seja o sistema mundo. Para os teóricos deste sistema, a análise é sobre como se dá a formação e a evolução do modo de produção capitalista que se insere num sistema de relações econômico-político-sociais, surgido no final do Medievo na Europa, e que se desenvolve até se tornar num sistema mundial. Neste sistema há um centro, que se apresenta hegemônico, uma periferia e uma semiperiferia. Dussel reafirma a posição de que antes de 1492 não há de fato um sistema mundo, já que não eram todos os cinco conti-

---

[153] ASANTE apud SANTOS JÚNIOR, p. 3.

[154] MARCOS (Mc 16:15). In: BÍBLIA online. Disponível em: <http://www.bibliaonline.com.br/>. Acesso em: 13 jun. 2014.

[155] MOORE, 2007. p. 55-82.

[156] DUSSEL, 2005, p. 24-32.

nentes que faziam parte do sistema. Contudo, temos interpretado a teoria do sistema mundo também na compreensão do sistema de relações internacionais que existiam quando apenas três continentes eram conhecidos e mantinham essas relações econômico-político-sociais.

Analisando dessa forma, conseguimos perceber que a Europa, de fato, não era o centro do sistema mundo desde a época helênica como a ideologia eurocêntrica tenta nos doutrinar. Na Antiguidade, por exemplo, a África era a grande exportadora de ouro, cobre, estanho e mão de obra para a Ásia e para a Europa. Durante o Medievo, é a Ásia que domina o comércio com suas especiarias e tecidos finos. Como já aludimos, é neste período que a Europa tenta se colocar como centro do sistema mundo ao promover suas cruzadas e só conseguirá se impor quando se lança ao mar em caravelas e estabelece relações com todos os outros povos.

Dussel ainda nos lembra de que a Europa moderna não é filha direta da Grécia, mas dos povos bárbaros; que o conceito de "ocidental" refere-se ao mundo romano, nos seus limites há o oriente; que o mundo grego é tanto cristão-bizantino como árabe-muçulmano; que é no Renascimento Italiano que começa a fusão entre ocidente latino e oriente grego; e da criação da ideologia eurocêntrica romântica alemã (ocidental = helenístico + romano + cristão). A ideia de que a Europa moderna é fruto de um processo histórico direto do mundo greco-romano é rechaçado por Dussel:

> *Ninguém pensa que se trata de uma "invenção" ideológica (que "rapta" a cultura grega como exclusivamente "europeia" e "ocidental") e que pretende que desde as épocas grega e romana tais culturas foram o "centro" da história mundial. Esta visão é duplamente falsa: em primeiro lugar, porque, como veremos, faticamente ainda não há uma história mundial (mas histórias justapostas e isoladas: a*

> *romana, persa, dos reinos hindus, de Sião, da China, do mundo meso-americano ou inca na América etc.). Em segundo lugar, porque o lugar geopolítico impede-o de ser o "centro" (o Mar Vermelho ou Antioquia, lugar de término do comércio do Oriente, não são o "centro", mas o limite ocidental do mercado euro-afro-asiático).*[157]

Dussel afirma que a filosofia grega foi esquecida pela Europa medieval, mas se manteve no Oriente através dos árabes que a reintroduzem no continente quando do domínio islâmico da Espanha e de Portugal. De fato, foi a presença da cultura árabe na Ibéria que permitiu o seu alto e rápido desenvolvimento, além de se tornarem os pioneiros na criação de um Estado de cunho nacional (ainda que monárquico e absolutista) e, com isso, lançarem-se à exploração marítima. Estes fatores enfraquecem a própria cultura medieval: o sistema feudal aos poucos vai perdendo terreno para o mercantil, um proto-capitalismo, e o fortalecimento do poder monárquico gera a centralização necessária para o surgimento dos Estados Monárquicos e o desencadeamento de um paulatino enfraquecimento do poder do Vaticano, o que permite as insurgências como as de Martinho Lutero, Henrique VIII e João Calvino. Eis a Modernidade.

A Modernidade, como novo "paradigma" de vida cotidiana, de compreensão da história, da ciência, da religião, surge ao final do século XV e com a conquista do Atlântico. O século XVII já é fruto do século XVI; Holanda, França e Inglaterra representam o desenvolvimento posterior no horizonte aberto por Portugal e Espanha. A América Latina entra na Modernidade (muito antes que a América do Norte) como a "outra face", dominada, explorada, encoberta.[158] Contudo, alguns elementos se mantêm no modo de ser do europeu. A xenofobia (e por

---

[157] DUSSEL, 2005, p. 26.
[158] DUSSEL, 2005, p. 28.

extensão o racismo) e o universalismo são claros exemplos de manutenção cultural. Estes elementos serão desencadeadores de um tipo de violência desconhecida até então pelos povos de fora do continente: a violência com viés civilizatório.

Se a Modernidade tem um núcleo racional *ad intra* forte, como "saída" da humanidade de um estado de imaturidade regional, provinciana, não planetária, essa mesma Modernidade, por outro lado, *ad extra*, realiza um processo irracional que se oculta a seus próprios olhos. Ou seja, por seu conteúdo secundário e negativo mítico, *a "Modernidade" é justificativa de uma práxis irracional de violência.*[159] Dussel, em seguida, nos enumera uma série de fatores que ajudaram a construir a ideologia eurocêntrica e sua práxis moderna, violenta contra o outro:

> *1. A civilização moderna autodescreve-se como mais desenvolvida e superior (o que significa sustentar inconscientemente uma posição eurocêntrica).*
>
> *2. A superioridade obriga a desenvolver os mais primitivos, bárbaros, rudes, como exigência moral.*
>
> *3. O caminho de tal processo educativo de desenvolvimento deve ser aquele seguido pela Europa (é, de fato, um desenvolvimento unilinear e à europeia, o que determina, novamente de modo inconsciente, a "falácia desenvolvimentista").*
>
> *4. Como o bárbaro se opõe ao processo civilizador, a práxis moderna deve exercer em último caso a violência, se necessário for, para destruir os obstáculos dessa modernização (a guerra justa colonial).*

---

[159] DUSSEL, 2005, p. 29. Grifo nosso.

> *5. Esta dominação produz vítimas (de muitas e variadas maneiras), violência que é interpretada como um ato inevitável, e com o sentido quase-ritual de sacrifício; o herói civilizador reveste a suas próprias vítimas da condição de serem holocaustos de um sacrifício salvador (o índio colonizado, o escravo africano, a mulher, a destruição ecológica, etcetera).*
>
> *6. Para o moderno, o bárbaro tem uma "culpa" (por opor-se ao processo civilizador) que permite à "Modernidade" apresentar-se não apenas como inocente, mas como "emancipadora" dessa "culpa" de suas próprias vítimas.*
>
> *7. Por último, e pelo caráter "civilizatório" da "Modernidade", interpretam-se como inevitáveis os sofrimentos ou sacrifícios (os custos) da "modernização" dos outros povos "atrasados" (imaturos), das outras raças escravizáveis, do outro sexo por ser frágil, etcetera.*[160]

Estes elementos todos são importantes para entendermos o pensamento europeu sobre o "outro" e como isso se relaciona com a instituição da escravidão de africanos pelos europeus. O colonialismo e o sistema escravista são produtos diretos do pensamento moderno e do eurocentrismo.

3.2 Racismo: ideologia de dominação

Entendemos que o racismo foi uma ferramenta de dominação utilizada pelas nações europeias para submeter os povos não europeus. Para o sociólogo britânico Anthony Giddens, racismo é "*o preconceito*

---

[160] DUSSEL, 2005, p. 29.

baseado em distinções físicas socialmente significativas. Uma pessoa racista é aquela que acredita que alguns indivíduos são superiores ou inferiores a outros com base em diferenças racializadas."[161] Sua legitimação se dá por dois fatores preponderantes que convencionamos chamar de justificativa religiosa – que tem como referência a maldição de Cam – e a justificativa científica.

3.2.1 JUSTIFICATIVA RELIGIOSA

No pensamento europeu, os africanos foram associados aos descendentes de Cam, fato utilizado como justificativa ideológica para a escravidão. Poliakov afirma que "*a fantasia dos autores tinha livre curso, e as variações propostas eram inumeráveis, mas a tendência dominante, de acordo, aliás, com as sugestões etimológicas já contidas na Bíblia, era a de reservar a Europa aos filhos de Jafé, a Ásia aos de Sem e a África aos de Cam*"[162]. Noé, ao sair da arca, plantou uma vinha; dessa vinha fabricou vinho e, tendo-se embriagado, apareceu nu no meio de sua tenda. Cam viu a nudez de seu pai e correu para contar aos seus irmãos. Sem e Jafé, andando de costas, cobriram Noé com uma capa. Ao acordar, Noé fica furioso com seu filho mais novo e o amaldiçoa: "*Bendito seja o senhor Deus de Sem, e Canaã [Cam ou Cão] seja seu escravo. Dilate Deus a Jafé, e habite Jafé nas tendas de Sem, e Canaã seja seu escravo*".[163]

Ora, os europeus acreditavam que o mundo era dividido em três continentes: Europa, Ásia e África. Seriam eles os descendentes de Jafé e se autodenominavam jafitas. De Sem, descendiam os asiáticos, os

---

[161] GIDDENS, Anthony. *Sociologia*. 4. ed. Porto Alegre: Artmed Editora S. A., 2005. p. 209.

[162] POLIAKOV, Léon. *O Mito Ariano*: ensaio sobre as fontes do racismo e dos nacionalismos. São Paulo: Perspectiva, 1974. p. 22.

[163] GÊNESIS (Gn 9:26-27). In: BÍBLIA online. Disponível em: <http://www.bibliaonline.com.br/>. Acesso em: 30 maio 2014.

semitas. Então nada mais natural que escravizar os camitas, os filhos de Cam, os africanos. Além disso, devido à África ser um continente desconhecido, as concepções do imaginário popular europeu ao seu respeito eram das mais cabulosas. Mary Del Priore e Renato Pinto Venâncio assinalam isso:

> *A cor negra, associada à escuridão e ao mal, remetia, no inconsciente europeu, ao inferno e às criaturas das sombras. O Diabo, nos tratados de demonologia, nos contos moralistas e nas visões de feiticeiras perseguidas pela inquisição, era, coincidentemente, quase sempre negro. Etiópia, palavra grega que designava, em vários textos e mapas, a parte do continente conhecida até então, significava "face queimada". Era, pois, a tez particular que caracterizava os habitantes deste mundo estranho e desconhecido.*[164]

Eles também nos mostram que antigos dicionários europeus denotavam preconceitos em relação aos negros. Em um publicado em 1712, por Bluteau, verificamos a palavra negro como *"[...] infausto, desgraçado. De cor negra que é a mais escura de todas, tomamos motivos para chamarmos de negro toda a coisa que nos enfada, molesta e entristece, como quando dizemos negra ventura, negra vida etc."*[165] Para os europeus o *modus vivendi* do negro era algo animalesco. Viver nu, falando uma língua incompreensível, rituais religiosos cruentos, danças eróticas, ausência de moral (cristã)... Os europeus tinham certeza de que estavam diante da própria encarnação do pecado. Trazê-los para o modo de vida europeu era sua missão sagrada e, para isso, só havia uma forma! Escravizá-los seria dar-lhes um presente, pois isso permitiria introduzi-los em sua cultura superior e, é claro, à salvação de suas almas.

---

[164] DEL PRIORE; VENÂNCIO, 2004. p. 56.

[165] DEL PRIORE; VENÂNCIO, 2004, p. 67.

Lembremos da barbárie cristã denunciada por Morin[166]. Isto refletirá em bulas papais que ordenam e autorizam as ações dos monarcas. Em 1452 o Papa Nicolau V publica a bula *Dum Diversas*, dirigida ao Rei Afonso V de Portugal. Nela consta que o papado lhe concede

> *"[...] por estes presentes documentos, com nossa Autoridade Apostólica, plena e livre permissão de invadir, buscar, capturar e subjugar os sarracenos e pagãos e quaisquer outros incrédulos e inimigos de Cristo, onde quer que estejam, como também seus reinos, ducados, condados, principados e outras propriedades [...] e reduzir suas pessoas à perpétua escravidão, e apropriar e converter em seu uso e proveito e de seus sucessores, os reis de Portugal, em perpétuo, os supramencionados reinos, ducados, condados, principados e outras propriedades, possessões e bens semelhantes [...]."*[167]

Esta bula se inscreve numa conjuntura de conflitos com os muçulmanos – chamados de sarracenos à época – onde estes escravizavam cristãos prisioneiros durante as campanhas das cruzadas. Serviu como resposta a esses atos. A escravidão em si não era desconhecida entre os povos, pois desde a antiguidade era amplamente utilizada, embora não ocupasse lugar central nos sistemas políticos e econômicos. Contudo, neste momento de transição da Idade Média para a Idade Moderna, a escravidão será reinterpretada. Beozzo confirma isso:

> *Ao fazer-se herdeira da cultura grego-romana, a Igreja passará para sua reflexão teológica durante a Idade Média muito da herança pagã, contida na filosofia grega e no di-*

---

[166] Ver página 72-73 neste trabalho.

[167] SANTOS, Frei David. *Sete atos oficiais que decretaram a marginalização do povo no Brasil.* Disponível em: <http://www.educafro.org.br/site/wa_files/os_sete_atos.pdf>. Acesso em: 23 jun. 2014.

reito romano. De modo particular, na questão da escravidão, é profunda a influência da Política de Aristóteles que, no seu livro primeiro, teoriza sobre a escravidão como destino inscrito na própria natureza humana de determinados grupos sociais. Há povos e homens naturalmente escravos e outros naturalmente livres. Do mesmo modo, o direito romano transfere à cristandade medieval sua minuciosa regulamentação jurídica sobre a instituição da escravidão.[168]

Entrementes, a bula *Dum Diversas* é entendida pelos historiadores como o primeiro documento legitimador da escravização de africanos. Outra bula, a *Romanus Pontifex*, publicada três anos mais tarde, amplia os poderes da anterior, conferindo ao Rei Afonso V a propriedade exclusiva de todas as ilhas, terras, portos e mares conquistados nas regiões que se estendem "*desde o Cabo Bojador e Cabo Não, ao longo de toda a Guiné e mais além, a sul*"; o direito de continuar as conquistas contra muçulmanos e pagãos nesses territórios; o direito de comercializar com os habitantes dos territórios conquistados e por conquistar, exceto os produtos tradicionalmente proibidos aos "infiéis": ferramentas de ferro, madeira para construção, cordas, navios e armaduras. Cem anos mais tarde estes poderes foram concedidos também aos reis de Espanha.

Apoiados nesse documento, os reis de Portugal e Espanha promoveram uma devastação do continente africano, matando e escravizando milhões de habitantes. A África era o único continente do mundo que dominava a tecnologia do ferro; com esta invasão e massacre promovido pelos povos europeus e, em seguida, a sua exploração colonizadora, o continente africano ficou com as mãos e os pés atados e dessa forma permanece até hoje.[169]

---

[168] BEOZZO, 1988. p. 86.

[169] SANTOS, Sete atos... (Grifo do autor)

3.2.2 JUSTIFICATIVA CIENTÍFICA

Desde o século XVI, sociedades que se proclamavam científicas buscaram classificar as raças humanas, tentando criar estereótipos. Mesmo não existindo fundamentos científicos que permitam sustentar a superioridade ou inferioridade física ou intelectual de uma raça em relação à outra, os defensores dessa tese recorreram no passado – e ainda recorrem no presente – à ciência.

François Bernier (1625-1688), um médico e viajante francês, talvez tenha sido o precursor das teorias raciais com sua obra *Nouvelle division de la Terre par les différents espèces ou races qui l'habitent* (Nova divisão da Terra pelas diferentes espécies ou raças que a habitam). O sueco Carl von Linné (1707-1778) considerado o "pai da taxonomia moderna", em 1758, classificou as raças humanas da seguinte forma: Americano (*Homo sapiens americanus*) de cor vermelha, possui mau temperamento, mas é subjugável; Europeu (*Homo sapiens europæus*) é branco, sério e forte; Asiático (*Homo sapiens asiaticus*) é amarelo, melancólico e ganancioso; Africano (*Homo sapiens afer*) é preto, impassível e preguiçoso; e Monstruosa (*Homo sapiens monstruosus*) se refere a todos os outros que não cabem nas categorias anteriores. Mais tarde o antropólogo e zoólogo alemão Johann Friedrich Blumenbach (1752-1840) seguiu a linha de Linné e criou ele mesmo a sua classificação das raças humanas: caucasiano, mongol, etíope, americano e malaio. Mas foi somente no início do século XIX que as teorias raciais ganharam força. Para o filósofo e economista francês Claude-Henri de Rouvroy, Conde de Saint-Simon (1760-1825), o princípio da igualdade não deveria ser entendido como universal:

> *[...] Saint-Simon critica em 1803 o princípio da igualdade, que, aplicados aos negros, provocou catástrofes nas colônias: os revolucionários estavam grandemente errados em*

emancipar uma raça inferior: "os revolucionários aplicaram aos negros os princípios de igualdade: se tivessem consultado os fisiólogos, teriam aprendido que o negro, de acordo com sua organização, não é suscetível, em igual condição de educação, de ser elevado à mesma altura de inteligência dos europeus".[170]

[...]

"Para o fundador da filosofia positivista, também era evidente que a elite ou a vanguarda da humanidade era constituída pela raça branca e, mais especialmente, pelos povos da Europa Ocidental".[171]

A arbitrária classificação dos homens em distintas raças, em função do aspecto exterior e da capacidade de inteligência, abre espaço para teorias como a do diplomata, escritor e filósofo francês Joseph Arthur, o Conde de Gobineau (1816-1882), que no século XIX foi um dos precursores do racismo com suas teorias sobre o ariano como raça pura (as quais embasaram o antissemitismo nazista) ao escrever seu *Ensaio sobre a desigualdade das raças humanas* (1855). Para Gobineau, a raça branca é superior à amarela ou à negra. Na raça branca há ainda seres superiores, como os de sangue ariano, raça "*pura descendente dos deuses*". Entre estes não houve jamais mestiçagem. Esta, aos olhos de Gobineau, levaria à homogeneização da humanidade, o que, a seu ver, seria uma decadência irreversível. Para Gobineau, a raça pura deve ser fabricada a partir de uma seleção humana voluntária e sistemática.

A eugenia é a ciência que estuda a possibilidade de apurar a espécie humana sob o ângulo genético. Decorreu ela quase que inevita-

---

[170] POLIAKOV, 1979, p. 199.
[171] POLIAKOV, 1979, p. 206.

velmente das ideias de Charles Darwin, expostas no seu consagrado livro *A origem das espécies*, de 1859. O naturalista britânico defendia a tese de que a cultura e mesmo o conhecimento eram resultados da transmissão genética e não dos fatores ambientais. No seu livro *A hereditariedade do gênio*, de 1869, ele arrolou o histórico familiar de uma série de homens de gênio e outros afamados cientistas para demonstrar que todos descendiam de uma "feliz hereditariedade".

Nem mesmo Allan Kardec[172] escapa à onda teórica europeia que organizava o mundo em diferentes e hierarquizadas raças humanas. Ao defender o espiritismo como ciência, é notória a sua inserção na conjuntura da época em que vivia. Em seu livro *A gênese*, originalmente publicado em 1868, Kardec faz a seguinte afirmativa:

> *Não foi, portanto, uniforme o progresso em toda a espécie humana. Como era natural, as raças mais inteligentes adiantaram-se às outras, mesmo sem se levar em conta que muitos Espíritos recém-nascidos para a vida espiritual, vindo encarnar na Terra juntamente com os primeiros aí chegados, tornaram ainda mais sensível a diferença em matéria de progresso. Fora, com efeito, impossível atribuir-se a mesma ancianidade de criação aos selvagens, que mal se distinguem do macaco, e aos chineses, nem, ainda menos, aos europeus civilizados.*
>
> *Entretanto, os Espíritos dos selvagens também fazem parte da Humanidade e alcançarão um dia o nível em que se acham seus irmãos mais velhos. Mas, sem dúvida, não será em corpos da mesma raça física, impróprios a um certo desenvolvimento intelectual e moral. Quando o instrumento já não estiver em correspondência com o progresso que haja*

[172] Pseudônimo do codificador da Doutrina Espírita Hipolite Leon Denizard Rivail.

alcançado, eles emigrarão daquele meio, para encarnar noutro mais elevado e assim por diante, até que tenham conquistado todas as graduações terrestres, ponto em que deixarão a Terra, para passar a mundos mais avançados. (Revue Spirite, abril de 1862, pág. 97: "Perfectibilidade da raça negra".)[173]

Em outras palavras, podemos destacar exemplos que lembram o real intento dos estudiosos da época, apesar do mito da neutralidade e imparcialidade da ciência:

> *A noção de que os mais fortes estão biológica e cientificamente justificados por destruírem os mais fracos foi aplicada tanto em conflitos internos como entre nações. [...] Assim, houve um abuso do progresso da biologia ao se formularem soluções simples, mas sem profundidade científica para tranquilizarem os escrúpulos de certas condutas humanas. Entretanto, a distância entre a ciência e o mito é pequena.*[174]

No início do século XX ainda havia obras sobre a inferioridade do negro. Em 1900, Charles Carroll escreveu um livro intitulado *The Negro as a Beast or in the Image of God.* Nele, Carroll conclui que a raça branca foi criada à imagem e semelhança de Deus e que Adão deu à luz apenas a raça branca, enquanto Negros são bestas pré-adâmicas e não poderiam ter sido feitos à imagem e semelhança de Deus, porque eles são bestiais, imorais e feios. Afirmou ainda que as raças pré-adâmicas, como os negros, não têm alma. Acreditava que mestiçagem é um insul-

[173] KARDEC, Allan. *A gênese.* Disponível em: <http://www.espirito.org.br/portal/codificacao/ge/ge-11.html#ge111>. Acesso em: 25 jun. 2014. (parágrafo assinalado como 32)

[174] COMAS, Juan; et al. *Raça e Ciência I.* São Paulo: Perspectiva, 1960. p. 16-17.

to a Deus e uma afronta ao plano de criação racial de Deus. De acordo com Carroll, a mistura de raças também levou aos erros do ateísmo e do evolucionismo. No capítulo intitulado *Provas bíblicas e científicas de que o negro não é membro da raça humana*, o autor afirma que todas as pesquisas científicas confirmam sua natureza caracteristicamente símia.

3.3 INTOLERÂNCIA RELIGIOSA

Estes acontecimentos inauguram um longo processo de um sistema de relações de trabalho que se instaura "*sem precedentes ou comparações, devido, sobretudo, às dimensões, ao extremo uso da violência, ao tempo de duração, ao desprezo humano e à ganância pelo lucro por parte dos traficantes de escravos.*"[175] Muito do que evidenciamos como ações de Estado estão profundamente arraigadas na mentalidade do europeu. A historiadora paulista Laura de Mello e Souza, em sua obra *O diabo e a terra de Santa Cruz*[176], nos mostra o que o imaginário europeu compunha sobre o Brasil: num primeiro momento o imaginário do que encontrariam no Brasil se equiparava ao do próprio inferno.

Segundo a historiadora, as lendas sobre criaturas monstruosas vão se ressignificando ao longo da história europeia e, conforme avançam, as navegações e as geografias deixam de ser parte do imaginário para se estabelecerem como espaços reais. Isso aconteceu com a Ásia, depois com a África, e por fim com as Américas recém encontradas. Provavelmente, frei Vicente do Salvador não tinha conhecimento da presença do nome Brasil nas cartas medievais, e parece-me ter sido o primeiro a explicar a designação pela presença da madeira tintorial de cor avermelhada.

---

[175] BERKENBROCK, 2007. p. 37.

[176] SOUZA, Laura de Mello e. *O diabo e a terra de Santa Cruz*: feitiçaria e religiosidade popular no Brasil colonial. São Paulo: Companhia das Letras, 1989. 396 p.

Entretanto, é curioso notar que, ao fazê-lo, forneceu uma complicadíssima explicação de cunho religioso, alusiva ao embate entre o Bem e o Mal, o Céu – reino de Deus – e o Inferno – reino do demônio. Mais do que isso, associou "*esta porção imatura da Terra*" ao âmbito das possessões demoníacas: sobre a colônia nascente, despejou toda a carga do imaginário europeu, no qual, desde pelo menos o século XI, o demônio ocupava papel de destaque. Se a identificação com as regiões infernais é transparente no texto de frei Vicente, a associação entre o fruto de uma viagem concreta – o descobrimento do Brasil – e as tantas viagens imaginárias que os europeus vinham empreendendo havia séculos o é menos, apesar de tão legítima quanto aquela.

O Brasil, colônia portuguesa, nascia assim sob o signo do Demo e das projeções do imaginário do homem ocidental, mas o domínio infernal não era a única possibilidade, neste trecho de frei Vicente. O primeiro movimento – o de Pedro Álvares – se fez no sentido do Céu: a este acoplar-se-ia a colônia, não fossem os esforços bem-sucedidos de Lúcifer, pondo tudo a perder. O texto de nosso primeiro historiador é extraordinário justamente por dar conta da complexidade subjacente às duas possibilidades: enxergar-se a colônia como domínio de Deus – como Paraíso – ou do Diabo – como Inferno. Para frei Vicente, o demônio levou a melhor: Brasil foi o nome que vingou, e o frade lamenta que se tenha esquecido a outra designação, muito mais virtuosa e conforme aos propósitos salvacionistas da brava gente lusa.[177] O frei está se referindo aos nomes adotados ao que se tornaria o nosso país. Os primeiros nomes (Monte Pascoal, Ilha de Vera Cruz, Terra de Santa Cruz) tinham relação direta com o sagrado cristão português; já Brasil tem origem na palavra "brasa", aquilo que arde no fogo (do inferno).

A brasa é vermelha, assim como a cor da tinta extraída do pau-brasil. Analisando isto é que o frei Vicente de Salvador acreditou que o

---

[177] SOUZA, 1989, p. 28.

Diabo havia vencido Deus na disputa por estas terras. Por outro lado, o historiador mineiro José Murilo de Carvalho nos alerta sobre *o motivo edênico no imaginário social brasileiro*[178], nos trazendo referências sobre essa construção ideológica ao longo dos séculos. Assim como a busca pelo *El Dorado* motivou os exploradores espanhóis na América Latina, é possível que o relato de um Brasil como o paraíso na Terra tenha acalentado os corações dos portugueses que para cá vieram se estabelecer.

A fundação da primeira cidade, São Vicente, data de 1532 e já em 1551 era instituído o bispado do Brasil o que "*evidencia a mentalidade de compromisso entre a Igreja de Roma e o rei de Portugal, 'onde o rei emerge como figura religiosa do delegado da Santa Sé para a evangelização das novas terras*'".[179] Na sociedade colonial a fé católica era obrigatória, não sendo toleradas outras formas de manifestação religiosa. Por essa razão, as populações negras escravizadas foram obrigadas também a receber o batismo e observar os preceitos católicos. Porém, havia resistência por parte deles. Muitos não aceitavam a imposição religiosa e eram detidos, torturados ou mortos.

Segundo o historiador carioca Mário Teixeira de Sá Júnior, a Igreja Católica no Brasil buscou se aproximar das bases evolucionistas e racialistas europeias, traduzidas para a realidade brasileira, produzindo assim um novo discurso mais adequado ao discurso oficial. Fazer parte de uma cultura civilizada e estar no topo da cadeia evolutiva social passaria a fazer parte do discurso cultivado pelos intelectuais religiosos do período.

> *Esse não seria apenas um discurso afirmativo: legitimar o seu lugar nessa nação era também, muitas vezes, negar es-*

---

[178] CARVALHO, José Murilo de. O motivo edênico no imaginário social brasileiro. Revista brasileira de ciências sociais [online]. v. 13, n. 38. São Paulo, out. 1998.

[179] JORGE, Pe. J. Simões. *Cultura religiosa*: o homem e o fenômeno religioso. 2ª ed. São Paulo: Loyola, 1998. p. 63.

> *paço para os outros saberes religiosos. Se atrelados ao discurso afirmativo estavam os conceitos de civilização, progresso, evolução e modernidade, ao negativo, o que buscava deslegitimar os outros saberes, estavam os seus antagônicos como: barbárie, atraso cultural e inferioridade racial. Se desvencilhar do passado escravista e de uma sociedade miscigenada, se identificando com o mundo civilizado europeu, essa seria a tônica dos discursos religiosos. Negar um passado real e inventar um passado imaginário, de pertencimento histórico-social, esse seria o papel dos intelectuais religiosos.*[180]

A Igreja desde sempre teve uma estreita relação com o Brasil e a Constituição de 1824 coloca a Igreja como religião oficial do país. Essa realidade só mudaria na forma com o advento da República: ela é legalmente separada do Estado pela Constituição de 1891, mas é perceptível que a realidade é outra. Contudo, devido ao fato de não estar protegida pelo Estado, a Igreja terá que disputar o "*mercado de bens simbólicos*"[181] com outras instituições europeias que aportam no Brasil – o Protestantismo e o Espiritismo – e ainda as tradições de matriz africana e afro-brasileiras.

Os intelectuais da Igreja no período disseminavam discursos de degradação ao que consideravam o perigo kardecista. O historiador

---

[180] SÁ JÚNIOR, Mário Teixeira de. Fé cega justiça amolada os discursos de controle sobre as práticas religiosas afro-brasileiras na república (1889/1950). *Revista Brasileira de História das Religiões.* ANPUH, Ano III, n. 9, Jan. 2011. p. 57.

[181] De acordo com Pierre Bourdieu, um bem simbólico se configura quando é atribuído um valor mercantil a um objeto artístico ou cultural. Forma-se, então, um grupo de produtores e de consumidores para esses bens simbólicos. Aqui estamos usando essa expressão de acordo com o texto de Sá Júnior referente à religião como produtora de bens simbólicos que, num país como o Brasil onde há uma variedade de religiões e religiosidades, disputam "consumidores" como num mercado. BOURDIEU, Pierre. *Economia das trocas simbólicas.* São Paulo: Perspectiva, 2007.

Artur César Isaia afirma que o bispo de Mariana, Dom Silvério Gomes Pimenta, numa de suas cartas pastorais publicada em 1889, sustenta que há "*duas calamidades piores mil vezes que a seca e a fome. Falo do protestantismo e do espiritismo, ambos filhos de Satanás, o qual se esforça a todo poder por inoculá-los nesta diocese*"[182]. O texto de Isaia é bem completo e nos serve muito para compreendermos algumas questões referentes à construção de uma intolerância com relação às tradições de matriz africana, que se inscreve mesmo na atribuição de uma "teologia do mal" a essa fé. Noutra parte de seu texto temos mais uma afirmação de Dom Silvério Gomes Pimenta:

> *Outra peste é o espiritismo, o qual não mais nem menos do que um culto prestado ao demônio é a invocação de satanás disfarçada com os nomes dos espíritos dos mortos. As almas dos defuntos estão no céu ou no inferno, e de lá não saem para irem acudir e responder aos invocadores. Tampouco virão os anjos bons e bem-aventurados prestar sua intervenção a essas comédias... São os demônios cujo maior desejo é iludir e perder as almas, os que respondem e acodem às invocações espíritas.*[183]

Em 1890 foi promulgado um Código Penal que criminalizava as práticas da cultura afrodescendente e, em 1927, é criada a Comissão para a Repressão ao Baixo Espiritismo da Polícia Civil, que ganha uma Delegacia em 1934. Em 1937, em pleno Estado Novo, é criada a Seção de Tóxicos e Mistificação da 1ª Delegacia Auxiliar, cuja função era a de combater as mistificações e, em 1940, foi promulgado novo Código Penal onde as manifestações da sabedoria da matriz africana eram ta-

---

[182] ISAIA, Artur César. Hierarquia católica e religiões mediúnicas no Brasil da primeira metade do século XX. *Revista de Ciências Humanas.* Nº 30. Florianópolis: EDUFSC, outubro de 2001. p. 71.

[183] GOMES apud ISAIA, 2001, p. 74.

chadas de curandeirismo e charlatanismo e, com isso, passível de perseguição e punição. Durante a Ditadura Militar as tradições de matriz africana foram obrigadas a pedir permissão ao Departamento de Ordem Política e Social (DOPS) para poderem realizar suas festas sagradas e cultuar suas divindades. As casas denunciadas eram invadidas por policiais montados a cavalo, que adentravam as casas soltando os cães, batendo nas pessoas – muitas das quais senhoras idosas, inclusive manifestadas com seus Orixás – quebrando e confiscando todo o material de culto. Os vivenciadores da tradição de matriz africana acabavam presos simplesmente por vivenciarem sua fé.

Segundo Negrão, parafraseado por Sá Júnior[184], uma das formas de a Umbanda e as tradições de matriz africana se defenderem da perseguição policial foi a adoção do termo "espírita" à nomenclatura dos templos. Com isso, certamente, quando dito pela Igreja, o referencial é mais globalizante, incluindo aí as tradições de matriz africana e afro-brasileiras além do próprio espiritismo kardecista. Evidentemente a questão aqui é doutrinária, pois são várias as passagens bíblicas que podem servir de argumento contra as práticas afro-brasileiras, o que faz com que, inicialmente a Igreja Católica e posteriormente as protestantes, manifestem-se contrárias a elas.

A Igreja Católica utiliza mesmo um discurso onde alia as ciências da saúde à teologia, criando um conceito discriminatório e depreciativo. Evidenciamos isto quando Fausto Cupertino pergunta a Dom Vicente Scherer se a Umbanda pode ser considerada uma religião. Em resposta, o então arcebispo de Porto Alegre, filósofo e teólogo afirma que:

> *A doutrina e os ritos da Umbanda se identificam com as velhas superstições e idolatrias da África. Seus adeptos mui-*

---

[184] SÁ JÚNIOR, 2011, p. 59.

to pouco ou nada conhecem das maravilhosas realidades da mensagem de Cristo cujos princípios inspiraram a civilização de 20 séculos, no que tem de valioso e perene.

A Igreja infelizmente não teve condições de modificar em grande escala e profundidade a mentalidade dos antigos escravos que batizou e da maioria dos seus descendentes. Outras pessoas, de mais alto nível de instrução, que aderem às práticas umbandistas, manifestam-se vítimas das variadas formas de superstição e de magia que escravizam hoje grande número de pessoas sem fé e sem conhecimento da religião cristã.

O império da fé cega ou de hábitos supersticiosos e a prática de ritos ou fórmulas irracionais hoje tem dimensões continentais. [...] Em Porto Alegre, um técnico umbandista de futebol polemizou com o padre que celebra missa no estádio deste mesmo grêmio desportivo. Espera ele a vitória não da habilidade dos jogadores, mas da influência de exus e orixás.

Existe, pois, uma longínqua afinidade aparente entre a religião e as diversas formas e organizações de superstição [...]. Mas os ritos e as cerimônias, arcanas e esquisitas, que adotam, têm por objetivo forçar entidades preternaturais a satisfazer aos seus cultores determinadas pretensões.

A verdadeira religião tem conceito completamente diverso. Toda a vida cristã, [...] está centrada em Deus onipotente e eterno, a quem devemos adoração, obediência e amor. [...] Os fenômenos insólitos de curas e fatos misteriosos apresentados pela Umbanda e pelo espiritismo têm fácil explicação nos estudos de psicologia e parapsicologia. Repetem-se sem dificuldade em qualquer ambiente sem a encenação em uso nos rituais ocultistas e kardecistas.

Numa civilização dessacralizada e materialista, implicitamente também se reconhece que não só de pão vive o homem. Não aceitando o homem a doutrina e a inspiração de uma autêntica religiosidade, perde-se nos desvios penumbrosos da superstição e na busca dos surrogados de crenças e de cultos idolátricos de primitivas civilizações.

A Umbanda, aceita como um substitutivo da religião, vale certamente por uma expressão da sede de Deus de pessoas que, como diz São Paulo aos atenienses, no Areópago, se parecem aos cegos que tateando estão em procura do ideal suspirado ao qual os impelem as profundas tendências do seu coração: Ignolus Deus, o Deus Desconhecido (At. 2, 27).[185]

É evidente a postura do arcebispo em desqualificar a Umbanda e, por extensão, as tradições de matriz africana. Utilizando todo um vocabulário acadêmico, porém cristianocêntrico, reduz essa tradição religiosa ao caráter de superstição de homens primitivos vindos de África. Sobre a mesma indagação, o irmão José Otão – psicólogo, pedagogo, matemático, engenheiro civil e então reitor da Pontifícia Universidade Católica do Rio Grande do Sul – simplesmente afirma que é "*um emaranhado de crenças desconexas*".[186] Sá Júnior ainda nos lembra de um dos maiores críticos às tradições de matriz africana e afro-brasileiras: o Frei Karl Josef Bonaventura Kloppenburg. O frei alemão radicado no

---

185 CUPERTINO, Fausto. *As muitas religiões do brasileiro.* Rio de Janeiro: Civilização Brasileira, 1976. p. 125.
186 CUPERTINO, 1976, p. 127.

Rio Grande do Sul, e que chegou a ser nomeado bispo de Novo Hamburgo, publicou vários artigos e livros onde se vale do discurso produzido pelos porta-vozes da "*alva nação Brasil*"[187] para realizar os seus ataques. Valendo-se do campo médico, Kloppenburg vê nas manifestações mediúnicas uma demonstração de problemas psiquiátricos.

> *A utilização do argumento de práticas demoníacas, utilizadas contra os kardecistas, tão comuns na primeira metade do século XX, cede lugar às explicações mais racionais e científicas para o fenômeno.*[188]

Isaia e depois Sá Júnior afirmam que, para destituir as tradições de matriz africana e afro-brasileiras, Kloppenburg elabora um questionário dirigido aos psiquiatras do Rio de Janeiro sobre a questão mediúnica, com o intuito de ter uma referência médica, o que resulta numa crítica fundamentada na medicina psiquiátrica.

> *[...] tornam-se médiuns autênticos os neuróticos de certa classe, histéricos e obsessivos, que possuíam suficiente sugestionabilidade para crer e deixarem-se induzir, e certos dons volitivos, para resistirem às práticas monótonas e exaustivas, ensinamentos e execução do ritual espiritista. Os doentes que tenham uma psicose manifesta ou latente deixam-se identificar como tais e não levam a termo o "desenvolvi-*

---

[187] Mário Teixeira de Sá Júnior chama de "Alva Nação Brasil" a ideologia que dominava os intelectuais brasileiros para a construção da História da Brasil que correspondesse a uma hereditariedade europeia, relegando os indígenas e os negros à categoria de coadjuvantes nessa história. "Se desvencilhar do passado escravista e de uma sociedade miscigenada, se identificando com o mundo civilizado europeu, essa seria a tônica dos discursos. Negar um passado real e inventar um passado imaginário, de pertencimento histórico-social, esse seria o papel dos intelectuais da alva nação Brasileira [...]". SÁ JÚNIOR, 2011, p. 6.

[188] SÁ JÚNIOR, 2011, p. 60.

> *mento"; todavia o seu delírio toma o colorido e a linguagem ou gíria espiritista do Candomblé ou macumba.*[189]

Mas não apenas a psiquiatria é levada em conta. Para o advogado e historiador Leandro Telles, em entrevista a Fausto Cupertino, a parapsicologia é eleita como uma ciência capaz não apenas de explicar, mas também de reproduzir os fenômenos mediúnicos.

> *A Umbanda deve ser mencionada como uma manifestação religiosa. Não como um grupo religioso, mas como uma manifestação íntima religiosa. Aí, na minha opinião, depois que surgiu a Parapsicologia, a Umbanda não tem mais vez, já que se explicam perfeitamente todos os fenômenos fictícios ou autênticos que ali são reproduzidos. A Umbanda, para mim, tem hoje um aspecto meramente folclórico. Ë interessante que se fomente, inclusive sob este aspecto folclórico, a Umbanda no Brasil, pois é uma religião africana com um sincretismo, com dogmas católicos, com santos católicos etc. que atrai turistas. Sob o aspecto folclórico é uma coisa interessantíssima, mas não sob o aspecto religioso, uma vez que seus fenômenos são perfeitamente explicados pela parapsicologia.*[190]

Quando ainda cursávamos a graduação, tivemos oportunidade de conversar, informalmente, com uma professora de Psicologia sobre a aceitação da Umbanda no meio científico, ao que tive uma surpresa: ela foi enfática em afirmar que pessoas que dizem receber espíritos são tratadas como portadoras de distúrbios psicológicos e, por isso, merecedoras de tratamentos medicamentosos e consultas periódicas com um

---

[189] ISAIA, 2001, p. 77-78.
[190] CUPERTINO, 1976, p. 122-123.

psiquiatra, ainda que se entenda a religião como um tratamento paliativo às vicissitudes emocionais.

Cupertino concorda e complementa: "*A participação maior do fiel no desenrolar dos atos religiosos [...] é motivo adicional de animação transformando a missa em uma festa e as reuniões comunitárias de penitência em 'psicoterapia lúdica de grupo'.*"[191] O advento do Concílio Vaticano II gerou uma mudança no discurso da Igreja Católica em relação às tradições de matriz africana, contudo recrudesceram-se os mesmos discursos intolerantes nas igrejas pentecostais e, sobretudo, nas neopentecostais, repetindo os mesmos discursos proferidos pela Igreja Católica pré-Vaticano II. Seus integrantes se inserem nas esferas de poder, preferencialmente no legislativo, onde constroem leis que tentam cercear a liberdade de culto das tradições de matriz africana.

[191] CUPERTINO, 1976, p. 139.

A religião tradicional africana
não fazia proselitismo e era aberta.
Ela tolerava a inovação religiosa
como manifestação de um novo saber,
sempre esperando interpretar
e interiorizar estes conhecimentos
no âmbito da cosmologia tradicional.

Tshishiku Tshibangu[192]

[192] TSHIBANGU, Tshishiku; AJAYI, J. F. Ade; SANNEH, Lemim. Religião e evolução social. In: MAZRUI, Ali A.; WONDJI, Christophe (Ed.). *História geral da África VIII*: África desde 1935. Brasília: UNESCO, 2010. p. 606.

AFROTEOLOGIA: TEOLOGIZANDO AS RELIGIÕES DE MATRIZ AFRICANA

INTRODUÇÃO

Acreditamos que se existe um paradigma civilizatório que é eurocêntrico, é indiscutível que no campo religioso existe outro que é cristianocêntrico. O paradigma da inculturação, no nosso entendimento, não é nada mais que uma nova estratégia para a conversão dos não cristãos ao cristianismo sob a máscara do respeito à sua cultura. Ora, o cristianismo, por si só, já é um construtor de paradigmas culturais, é um agente de cultura e seria, pensamos, impossível desassociá-lo deste fato. Neste contexto existe a Teologia Afro-Negra, que é a Teologia pensada por e para negros cristãos. Então, para diferenciarmos a Teologia Afro-Negra cristã da Teologia das religiões de matriz africana, consideramos prudente o termo *afroteologia*.

Consideramos o termo afroteologia em detrimento de Teologia *yorùbá* ou *fòn*, ou *ewe*, ou *kimbundo*, etc., por acreditarmos que existem "*organizadores civilizatórios invariantes*"[193] que estão na base das religi-

[193] ALVES, Míriam Cristiane. *Desde dentro*: processos de produção de saúde em uma comunidade tradicional de terreiro de matriz africana. Porto Alegre: PUC/RS, 2012. 306 f. Tese (Doutorado em Psicologia Social) – Faculdade de Psicologia, Pontifícia

ões de matriz africana, tanto no continente africano (em suas várias formas étnicas), quanto nas afro-diaspóricas (Candomblé, Batuque, tambor de mina, xangô, santería e vodu). No capítulo anterior pudemos verificar como o Batuque sofreu com o epistemicídio de seus saberes; neste, tentaremos recuperar estes saberes perdidos através de uma epistemologia afrocentrada, buscando com isso apresentar uma proposta para a sistematização dessa afroteologia.

Não consideramos as expressões sincréticas como a Umbanda, Omolokô, Barquinha, Jurema, Catimbó, etc., por percebermos que, provavelmente devido ao amalgamento de várias tradições religiosas dando origem a uma, a teologia que orienta estas religiões não são de origem africana (geralmente o espiritismo kardecista), logo, entendemos que essas religiões não são de matriz africana ou afro-brasileiras, mas sim religiões brasileiras, criadas em solo brasileiro.

Ao contrário, as religiões de matriz africana são aquelas (re)estruturadas na diáspora a partir de hibridizações de cultos africanos. Esses cultos têm como base teológica e filosófica a própria África. Com isso, nos inserimos na perspectiva chamada de *reafricanização*, o que é definido por Tina Gudrun Jensen como uma revitalização das práticas religiosas mediante um esforço de purificação dos elementos sincréticos, representando o reverso do processo de desafricanização e sincretismo, a fim de se aproximar mais às tradições genuínas da Nigéria e do Benin.[194] No presente capítulo trataremos do referencial teórico e metodológico da afroteologia, seguindo a linha de pensamento que define a Teologia como uma ciência que pode fundamentar a reflexão

---

Universidade Católica do Rio Grande do Sul, Porto Alegre, 2012. p.56. [Material gentilmente cedido pela Drª Míriam Cristiane Alves (PUC/RS)]

[194] JENSEN, Tina Gudrun. Discursos sobre as religiões afro-brasileiras: da desafricanização para a reafricanização. *Revista de Estudos da Religião*. n. 1, jan. 2001. p. 15. Disponível em: <http://www.pucsp.br/rever/rv1_2001/p_jensen.pdf>. Acesso em: 01 jul. 2014.

sobre outras tradições religiosas, como as de matriz africana. Na segunda parte traremos uma possibilidade de sistematização da afroteologia de acordo com seus próprios fundamentos e categorias de análise.

4.1 REFERENCIAL TEÓRICO E METODOLÓGICO DA AFROTEOLOGIA

4.1.1 TEOLOGIA ENQUANTO CIÊNCIA

Segundo Clodovis Boff, a Teologia é a ciência da fé. É a "*fé buscando entender.*"[195] Boff traz vários teólogos do passado para nos orientar na construção de nossa própria teologia, como Agostinho de Hipona, Anselmo de Cantuária e Tomás de Aquino. O leitor pode pensar a esta altura: como poderíamos nos valer de teólogos cristãos para sistematizarmos a afroteologia? A resposta está no exercício de pensarmos nossa disciplina como um elemento supra confessional, como uma ciência universal que sugere norteamentos para a reflexão teológica. Libânio e Murad, teólogos católicos, buscando as raízes da Teologia, aludem ao fato de que a ideia que separou a Teologia da ciência se deu mais por questões político-sociais que acadêmicas:

> *A Teologia e as ciências são realidades históricas. Sua relação depende fundamentalmente do conceito que se tem de ciência e de teologia nos diferentes momentos da história. Varia, portanto, segundo se desenvolve a consciência humana e se modificam as condições sociais, cosmovisões, ideologias, interesses, em que tal relação se situa.*[196]

---

[195] BOFF, Clodovis. *Teoria do Método Teológico*. 5.ed. Petrópolis: Vozes, 2012. p. 15.
[196] LIBANIO, J. B.; MURAD, Afonso. *Introdução à teologia*: perfil, enfoques, tarefas. 5. ed. São Paulo: Loyola, 2005. p. 79.

Libânio e Murad ainda nos relatam de como, num período histórico, a ciência foi dependente da teologia sob vários aspectos, mas o iluminismo enquanto ideologia burguesa ávida por suplantar o poder político que estava sob a guarda do clero surge como inaugurador da modernidade e marco divisor não apenas de períodos históricos, mas de mentalidades, formas de pensamento. Assim, a ciência moderna se colocou como opositora aos estudos teológicos, mas teólogos contemporâneos têm pensado a Teologia como disciplina abrigada pelo guarda-chuva das Ciências Humanas. Boff a entende assim, ainda que aponte para uma certa singularidade neste campo:

> *Tomamos aqui a teologia como uma ciência, mas não decididamente em base ao modelo das ciências empírico-formais, como às vezes se tende hoje. A teologia é uma ciência a seu modo, uma ciência sui generis. É um saber ou disciplina que tem uma analogia estrutural com o saber científico em geral.*[197]

Mais além, Boff resume que teologia "*é ciência na medida em que realiza a tríplice caracterização formal de toda ciência, que é a de ser crítica, sistemática e autoamplificativa.*"[198] Alguns estudiosos como Faustino Teixeira e Eduardo Gross já têm apontado nesta direção. Teixeira é doutor em Teologia pela Pontifícia Universidade Gregoriana de Roma e, com base em Higuet, critica "*o pressuposto implícito de que apenas as ciências empíricas alcançariam o estatuto de ciência*" e crê que as "*ciências hermenêuticas*" também merecem este status:

> *A teologia hoje não é mais necessariamente "a explicação ou justificação racional, sob a autoridade de um magisté-*

[197] BOFF, 2012, p. 40. Grifo do autor.
[198] BOFF, 2012, p. 97.

> *rio, de uma mensagem revelada por Deus". Com base em Paul Tillich, [Higuet] assinala a singularidade de uma teologia da cultura, distinta da teologia eclesiástica, que tem por função "analisar criticamente e dialeticamente os sistemas interpretativos da cultura e da religião".*[199]

Contudo, há quem afirmaria que a teologia é de propriedade do cristianismo, já que foi a escolástica católica quem primeiro a sistematizou. Essa posição contrapõe, em certa medida, o status de ciência da teologia, pois a limita com relação à outras tradições religiosas. A crítica sobre a autoridade de uma Igreja que norteia o pensamento teológico feita por Teixeira encontra eco em Gross, teólogo com doutorado pelas Faculdades EST, que também ataca as leituras tendenciosas da teologia como sendo de exclusividade do cristianismo dizendo que:

> *Um problema básico e de grandes consequências é a apressada identificação entre teologia e teologia cristã (às vezes ainda católico-romana) corrente no nosso contexto. Esta identificação convenientemente esquece que o termo teologia é anterior ao cristianismo. [...] Platão chamava de teologia as narrativas míticas sobre os deuses contadas pelos poetas [...] Independentemente da apreciação da poesia e do seu papel pedagógico por parte de Platão, pode-se dizer que para ele a teologia era entendida como um discurso poético, uma ordenação de mitos, uma narrativa simbólica sobre divindades.* [200]

---

[199] TEIXEIRA, Faustino. O lugar da teologia na(s) ciência(s) da religião. In: ______ (org.). *A(s) ciência(s) da religião no Brasil*: afirmação de uma área acadêmica. 2. ed. São Paulo: Paulinas, 2008. p. 307.

[200] GROSS, Eduardo. Considerações sobre teologia entre os estudos da religião. In: TEIXEIRA, Faustino (org.). *A(s) ciência(s) da religião no Brasil*: afirmação de uma área acadêmica. 2. ed. São Paulo: Paulinas, 2008. p. 324-325. Grifo do autor.

Gross cita Platão, mas há evidências de que a Teologia pode vir de um povo mais antigo que os gregos. Foi com os egípcios que os gregos conheceram a Filosofia e a Teologia e se apropriaram destes saberes sem citar a fonte, como nos ensina o historiador senegalês Cheikh Anta Diop. A anterioridade civilizatória de África, tanto como espaço de surgimento do ser humano enquanto espécie quanto como berço civilizacional, sendo o Egito fonte da civilização ocidental[201], está bem elaborado em suas obras denunciando o que o racismo – enquanto produto da mentalidade e da necessidade de que a Europa se constitua como centro do Sistema-Mundo na eclosão da modernidade[202] – tem feito com o africano. Nascimento deixa claro como isso se deu:

> *Alguns autores, como George G. M. James (1954-1976), documentam que grande parte desse conhecimento era levada à Grécia por meio de processos desonestos ou até violentos. Escritores gregos, em vários casos, apresentavam-se como autores de conceitos ou teorias que haviam aprendido com mestres africanos. O saque da biblioteca de Alexandria foi um episódio central nesse processo, implicando a destruição e o deslocamento de muitos textos antigos.*[203]

Kabengele Munanga, congolês doutor em Antropologia Social pela Universidade de São Paulo, ainda diz que "*acrescentaram-se ao discurso legalizador da missão civilizadora outras tentativas, no sentido de reduzir o negro ontológica, epistemológica e teologicamente*"[204]. Contudo,

---

[201] NASCIMENTO, Elisa Larkin. Introdução às antigas civilizações africanas. In: NASCIMENTO, E. L. (org.). *Sankofa:* matrizes africanas da cultura afro-brasileira. v. I. Rio de Janeiro: Editora UERJ, 1996. p. 40-41.

[202] DUSSEL, 2005. p. 29.

[203] NASCIMENTO, Elisa Larkin. Introdução às antigas civilizações africanas. In: NASCIMENTO, E. L. (org.). *A matriz africana no mundo.* São Paulo: Selo Negro, 2008. p. 65.

[204] MUNANGA, 2009, p. 27.

o caráter científico da teologia não abole a sua confessionalidade. Gross também alude a isso quando nos diz que:

> *A ideia positivista de superação da religião e da metafísica pela ciência criou a ilusão de que afirmar uma posição não-religiosa é colocar-se num patamar superior, imune a influências supersticiosas dos níveis inferiores de pensamento. Na verdade, esta posição superior é um autoengano. Olhar a realidade com olhos não-religiosos é uma perspectiva, um recorte. É uma posição.*[205]

O monge beneditino e teólogo Marcelo Barros nos instiga a crer que há teologia em tradições religiosas não-cristãs, que partem de uma cosmovisão própria da experiência de fé dos vivenciadores:

> *Com toda justiça, tais experiências podem ser conceituadas como teologias da resistência e mesmo da libertação, porque surgem para fortalecer a resistência cultural dos grupos negros ameaçados e também para responder ao ataque cerrado de ministros neopentecostais e de grupos ditos carismáticos que pensam ser proprietários do Espírito e agem como se Deus tivesse assinado um contrato de exclusividade com eles, católicos ou pentecostais.*[206]

E ainda conclui que "*essas teologias de religiões afrodescendentes surgem quando, em todo o continente latino-americano e no Caribe, grupos e comunidades negras se unem em torno dos valores próprios de suas culturas e como instrumento de libertação humana e social.*"[207] Passamos a en-

---

205 GROSS, 2008, p. 340.

206 BARROS, Marcelo. *O sabor da festa que renasce*: para uma Teologia Afro-Latíndia da Libertação. São Paulo: Paulinas, 2009. p. 44.

207 BARROS, 2009, p. 45.

tender, então, a teologia como uma ciência que nos fornece referenciais teórico-metodológicos para pensarmos, refletirmos racionalmente a nossa própria tradição religiosa, a nossa própria fé. Talvez possam se levantar alguns afirmando que as tradições de matriz africana podem (ou devem) ser melhor estudadas pela antropologia, mas cremos que já foram muito estudadas por esta ótica e que nos falta a ótica teológica. Nos perfilamos ao lado de Boff quando diz que:

> *[...] Deus pode ser visto como criação cultural, como fenômeno social, como dado psicológico, como objeto artístico e por aí afora. Ora, uma coisa é Deus na ótica dos psicólogos ou dos antropólogos, e outra é o Deus dos teólogos e dos fiéis. Um é o Deus da fé, outro é o Deus do marxismo, o Deus das filosofias, das culturas e assim por diante.*[208]

Boff diz que desde os anos 1970 a teologia tem sido situada como uma ciência hermenêutica, ou seja: "*busca o máximo de inteligibilidade dos textos/dados que lhe são propostos por meio da elaboração de sistemas de significação que busquem 'saturar' o quanto possível seu campo específico de leitura.*"[209] Aqui, mais uma vez, usamos Gross para reforçar a ideia de Boff:

> *[...] caberia à teologia o lembrete do caráter necessariamente hermenêutico da apreensão da religião. Esta relação entre teologia e hermenêutica já tem transparecido nas considerações anteriores, já que a especialização de teólogos no manejo de conceitos tradicionais não é uma simples lida com dados, mas um jogo com significados e símbolos.*[210]

[208] BOFF, 2012, p. 44.
[209] BOFF, 2012, p. 88.
[210] GROSS, 2008, p. 344.

Assim, nos sentimos comprometidos em pensar uma Afroteologia alicerçada sob os pressupostos civilizatórios africanos e referenciada teoricamente segundo o paradigma hermenêutico da afrocentricidade. Essa hermenêutica, que fundamenta a interpretação afroteológica, passamos a chamar de *Exunêutica.*

4.1.2 EXUNÊUTICA: CONSTRUINDO PARADIGMAS PARA UMA INTERPRETAÇÃO AFRO-RELIGIOSA

A religião é um dos princípios mais básicos da civilização humana. A crença nas divindades, no mundo sobrenatural, garante ao homem um sentido para sua vida. Mircea Eliade diz que "*a vida humana adquire sentido ao imitar os modelos paradigmáticos revelados por seres sobrenaturais.*"[211] Com base nessa afirmativa, acreditamos que assim como as divindades gregas moldaram o mundo ocidental, as divindades africanas moldaram o mundo africano. Assim, pensamos na construção de um paradigma hermenêutico que favoreça a voz africana e afrodescendente. Voz essa que foi calada ao longo dos séculos pelo racismo, eurocentrismo e cristianocentrismo. A globalização, curiosamente, em vez de promover uma "cultura mundial", acabou por provocar o recrudescimento dos valores culturais de cada povo do planeta. No campo político gerou muitas discórdias, mas no campo religioso resultou no reconhecimento da diversidade de manifestações de fé e no princípio da alteridade, ou seja, o reconhecimento do outro como sujeito de sua própria vida.

No entanto, o recrudescimento de ideologias religiosas baseadas num cristianismo exclusivista fomentou o reconhecimento da necessidade de melhorias na qualificação do discurso afro-religioso. Uma afroapologética se fez necessária. Nessa linha, logo pensamos na criação de

---

[211] ELIADE, 1989. p. 10.

um paradigma filosófico que auxilie numa interpretação cultural centrada na concepção de mundo típica das religiões de matriz africana. É aí que surge um neologismo formado pela fusão do nome Exu (Èṣù), a divindade yorùbá que é o mensageiro dos Òrìṣà, dono da fala e consequentemente da interpretação, com a palavra hermenêutica, de origem grega, que estudiosos alegam ter origem em Hermes, o mensageiro dos deuses gregos, dono da fala e consequentemente da interpretação.

A criação desse neologismo vai ao encontro do reconhecimento da autonomia da diversidade cultural mundial, mas sobretudo do reconhecimento da legitimidade das religiões de matriz africana diante de outras tradições religiosas, colocando-as lado a lado como formas legítimas de busca humana ao seu Criador. Pretendemos, a seguir, dar corpo ao conceito de exunêutica sem, no entanto, acreditarmos que esta será a última palavra no assunto. Nossa formação não é em Filosofia, tão pouco em Teologia, o que nos impossibilita a profundidade teórica necessária para tal empreendimento. Aqui exporemos as semelhanças teológicas entre o deus grego e a divindade *yorùbá* e a luta histórica do povo negro por reconhecimento de seus direitos individuais e coletivos junto a movimentos universalizantes que fundamentam; uma breve explanação da afroteologia ou teologia das religiões de matriz africana; e, por fim, as considerações finais.

4.1.2.1 ʽΕΡΜΉΣ E ÈṢÙ: DUAS DIVINDADES, UM MESMO PRINCÍPIO DIVINO

Existem muitas fontes que narram as aparições de Hermes (Ἑρμῆς). Uma das mais importantes consta no *Hino Homérico a Hermes*, uma criação anônima dos séculos VII ou VI a.C. que trata de seu nascimento e primeiras proezas, mas também o encontramos na *Ilíada* e na *Odisseia*, de Homero. Em Hesíodo, temos a *Teogonia* e *Os trabalhos e os dias*. Vários outros escritores citaram Hermes e ampliaram o rol de seus feitos: Ésquilo, Calímaco, Filóstrato, Sófocles, Eurípides, Esopo, Píndaro, Aristófanes, Flégon de Trales, Apolodoro e Aristóteles, que foi quem sistematizou o conceito da hermenêutica a partir dos atributos de Hermes. Ainda podemos citar Eudoxo de Cnido, um matemático, que chamou de Hermes o planeta hoje conhecido como Mercúrio, mudança ocorrida graças à influência romana posterior.[212]

Os gregos chamavam suas divindades de *imortais* (αθάνατος), seres fantásticos detentores de poderes sobrenaturais. Zeus foi o mais importante deles, tendo templos em sua homenagem por toda a Grécia. Sua importância é tanta que é de seu nome que se origina a palavra "deus". Desta forma se convencionou chamar de "deuses" todos os imortais. Hermes foi um dos doze deuses olímpicos e, como tal, fez muitos prodígios desde o seu nascimento, demonstrando grande inteligência e sagacidade. Tinha o "poder de ligar e desligar" devido ao fato de ter conseguido se livrar das bandagens que o envolvia; se inclui como um dos doze deuses olímpicos ao dividir o rebanho roubado de Apolo em doze partes; fabricou a primeira lira feita com um casco de tartaruga e as cordas de tripas de boi; se coloca como isento de dizer a verdade por inteiro; "*aperfeiçou a arte divinatória, auxiliando a leitura do futuro por meio de pequenos seixos.*"[213] Brandão ainda diz:

> *Os gregos, no entanto, ampliaram-lhe grandemente as funções, e Hermes, por ter furtado o rebanho de Apolo, se tornou o símbolo de tudo quanto implica em astúcia, ardil e trapaça: é um verdadeiro trickster, um trapaceiro, um velhaco, companheiro, amigo e protetor dos comerciantes e dos ladrões... Na tragédia Reso, 216sq., erradamente*

---

212 VERNANT, Jean-Pierre. *Mito e pensamento entre os gregos*: estudos de psicologia histórica. Rio de Janeiro: Paz e Terra, 1990. p. 151-191.

213 BRANDÃO, Junito de Souza. *Dicionário mítico-etimológico da mitologia grega*. v. 1. Petrópolis: Vozes, 1991. p. 548-549.

> *atribuída a Eurípedes, o deus é chamado "Senhor dos que realizam seus negócios durante a noite".*[214]

Hermes possuía incrível velocidade, assim poderia estar em vários lugares num piscar de olhos. Regia as estradas e nas encruzilhadas lhe eregiam hermas, locais sagrados em que os viajantes deixavam oferendas pedindo proteção na jornada. Inicialmente, as hermas eram apenas montículos de pedras deixadas por viajantes, mas com o passar do tempo se transformaram em pilares que exibiam o busto do deus ornado com um grande falo.

Seu símbolo é o caduceu, espécie de cetro dourado com asas na extremidade e rodeado por duas serpentes que se olham calmamente. Ele o ganhou de Apolo em troca da lira e do *syrinks* (flauta de Pã). Tinha vários poderes como guiar os mortos, transformar objetos em ouro, promover saúde, etc. Outro de seus símbolos são as sandálias aladas (que lhe privilegiavam com a velocidade do vento) e o chapéu alado, símbolo de inteligência elevada. De sua fusão com o deus romano Mercúrio, surge o patronato dos comércios e dos comerciantes. Também rege a fala, a comunicação; é o mensageiro dos deuses. Mesmo depois do advento do cristianismo, o deus Hermes permaneceu entre nós de forma mais simbólica, mas, afinal, o que são os símbolos senão a representação física da própria divindade? Hermes foi um deus grego, muito estimado entre seu povo sendo cultuado em todos os lugares. Dentre as etnias africanas também há uma divindade igualmente popular; entre os *yorùbá,* esta divindade é chamada de Exu (Ẹ̀ṣù).

O estudo da Teologia Afro-Brasileira está alicerçada no que passamos a chamar de Ọgbọ́n Mẹ́fà[215], ou as "Seis Sabedorias": *Ifá,*

---

[214] BRANDÃO, 1991, p. 549. Grifos do autor.

[215] Enfatizamos que a língua *yorùbá* aqui está sendo usada apenas como convenção, pois é a língua que mais temos acesso, e jamais deve ser pensada como determinante vertical sobre as outras etnias africanas seja em África ou na diáspora.

Oriki, *Adúrà*, *Orin*, *Òwe* e *Orò*, respectivamente: texto sagrado, louvações, preces, rezas, provérbios e ritos. Vale para nós, agora, entendermos que é através desse estudo que podemos conhecer a natureza de Èṣù e seus propósitos divinos. Estudando estes elementos da sabedoria *yorùbá*, podemos perceber que Èṣù é o "*princípio dinâmico e princípio da existência individualizada*"[216] na Teologia *Yorùbá*. Suas características estão bem expressas nos dizeres de Botas:

> *Exu é o princípio dinâmico de comunicação e individuação, o princípio da existência cósmica e humana. Ele é o princípio que representa e transporta o axé (força vital), que assegura a existência dinâmica, permitindo o acontecer e o devir. Ele traduz aos homens as palavras dos orixás e simboliza a descendência, a intercomunicação, a participação. É ainda o símbolo da sexualidade e fertilidade. Ele está ligado ao destino dos homens e mulheres e de tudo o que é vivo e tem vida.*
>
> *Na teologia tomista existe o conceito de "eidade": tudo tem a sua razão ôntica, de ser. Todas as coisas têm, em potência, tudo aquilo que necessitam para serem o que realmente são. Este é o princípio de Exu: possibilitar que as coisas venham a tornar plena a sua vida interior: a sua "arvoreidade", a sua "pedraeidade", a sua "aguaeidade", a sua "fogoeidade", o seu "amoreidade" etc.*[217]

Botas deixa clara a importância de Èṣù como a divindade que permite o desenvolvimento e a manutenção da Criação. Como o seu pode,r permite a realização de todas as potencialidades (naturais,

---

[216] SANTOS, 1986, p. 130. Grifos da autora.
[217] BOTAS, 1996. p. 33-34. Grifo do autor.

humanas e divinas). O **bàbáláwo**[218] **Ifátoogun**, da cidade de Ilobu, citado por Santos, diz que:

> *Em virtude da maneira como Èṣù foi criado por Olódùmarè, ele deve resolver tudo o que possa aparecer e isso faz parte de Seu trabalho e de suas obrigações. Cada pessoa tem seu próprio Èṣù; o Èṣù deve desempenhar seu papel, de tal modo que ajude a pessoa para que ela adquira um bom nome e o poder de desenvolver-se.*
>
> *Olódùmarè fez Èṣù como se fosse um medicamento de poder sobrenatural próprio para cada pessoa. Isso quer dizer que cada pessoa tem à mão seu próprio remédio de poder sobrenatural podendo utilizá-lo para tudo o que desejar. Èṣù exerce as mesmas funções para todos os ẹbọra.*[219]

A ideia aqui é de que Èṣù possui poderes que se caracterizam de forma dinâmica, tanto o todo quanto o individual. De fato Èṣù, embora seja um Òrìṣà com identidade individual, pode se multiplicar ao infinito[220] e assim estar em vários lugares ao mesmo tempo para executar sua tarefa divina. Desta forma, estabelece a comunicação entre os homens, estreitando suas relações na família, no comércio, no sexo. Também estabelece a comunicação entre os homens e as divindades através dos jogos divinatórios. Onde houver troca, só acontece porque Èṣù está presente.

Por isso mesmo Èṣù é o Òrìṣà dos caminhos. A encruzilhada é o Seu altar natural, pois é o epicentro que leva a lugares diferentes; também é o não-lugar, por isso um espaço mítico e sagrado. Fazer

---

[218] *Bàbáláwo* é o título do sacerdote do culto a *Ọ̀rúnmìlà*, a divindade que revela os segredos de *Ifá*.

[219] SANTOS, 1986. p. 72.

[220] SANTOS, 1986. p. 133.

oferendas nesses lugares nos garantem boas escolhas; caminhos frutíferos. Também reside nas entradas, nos umbrais de cada cidade *yorùbá*, de cada palácio real, de cada centro de trocas mercantis, de cada casa de culto ou templo afro-brasileiro[221]. Ali, Ele permite as entradas e saídas, ou não. É o Senhor dos Mercados, das relações comerciais, dos escambos e até dos furtos. Possui espírito traquinas, promovendo intrigas e discussões para alcançar seus objetivos. Pode tanto ser um menino ágil, brincalhão e esperto, quanto um velho ranzinza, violento e perigoso.

Seu símbolo é o Ọgọ̀, um bastão de forma fálica que lhe dá o poder de se locomover velozmente. Também possui uma cabaça com o pescoço muito alongado (lembrando um pênis), que fica sempre apontando para cima e que transmite seu poder aquele ou aquilo em que é apontado – é o Àdó-iràn. Em muitas representações aparece com um chapéu que lhe esconde a lâmina que tem presa à cabeça. Às vezes é um penteado fálico a orná-la. O extraordinário poder de Èṣù está expresso em vários de seus Oríkì: "*Èṣù faz o acerto virar erro e o erro virar acerto*"; "*matou um pássaro ontem com a pedra que atirou hoje*"; "*sentado, sua cabeça bate no teto, em pé, não atinge nem a altura do fogareiro*". A dependência de Seu poder o tornou crucial nos cultos, de forma que deve ser sempre o primeiro a ser reverenciado, pois é Èṣù quem estabelece a comunicção dos seres humanos com o mundo sobrenatural. Ele é a ponte cuja ausência nada acontece. Èṣù é o mensageiro dos Òrìṣà. É capaz de entender todas as línguas e todos os símbolos. Fala a língua dos Òrìṣà e também de todos os povos humanos.

As semelhanças entre Hermes e Èṣù são berrantes. Ambos possuem o poder da velocidade; são regentes dos mercados, dos comércios, das estradas, das encruzilhadas; possuem como símbolo um

[221] REHBEIN, 1985. p. 38-39.

objeto fálico mágico; são próximos dos seres humanos; são traquinas; são mensageiros das outras divindades; são os intercomunicadores nos sistemas divinatórios; são os donos da fala, da conversa, da compreensão, da interpretação. Assim, se Hermes é o patrono da hermenêutica, com certeza Èṣù é o patrono da exunêutica.

4.1.2.2 PRINCÍPIOS FILOSÓFICOS AFRICANOS: O PAN-AFRICANISMO, NEGRITUDE E A AFROCENTRICIDADE

As diásporas europeias para as Américas geraram um sentimento de unidade internacionais. Assim, vários povos desembarcados por aqui mantiveram suas tradições supervalorizadas (ou reinventadas, como nos diz Erick Hobsbawm em "*A invenção das tradições*"), preferindo a identidade "euro-brasileira" à brasileira de fato. Isso, de certa forma, nos dá um sentido mais dinâmico para nossa existência, pois nos remete a uma raiz que historicamente se projetou como modelo mundial de civilização.

O oposto ocorreu com os negros, pois sua diáspora foi forçada e sob os auspícios da escravidão. Remeter nossas origens à África seria nos condicionar enquanto descendentes de escravos, o que não orgulharia ninguém. Não orgulharia porque a ideologia racista plantou em nossa cultura a negação do negro enquanto sujeito valorizado positivamente. Percebendo isso, vários intelectuais e políticos negros, africanos ou não, pensaram numa ideologia que unificasse também os africanos. É nesse contexto que se dá o surgimento do pan-africanismo, da negritude e da afrocentricidade.

A ideologia do *pan-africanismo* tinha como uma de suas prioridades a união entre os diferentes países africanos, ainda que tenha sua origem no continente americano. Um de seus principais líderes foi Henry Sylvester Willians, um advogado de Trinidad que conseguiu organizar a Primeira Conferência Pan-Africana em 1900, na cidade de

Londres. Essa conferência teve como objetivo a criação de um movimento que gerasse um sentimento de solidariedade com relação às populações negras das colônias.

Willians era um dos vários intelectuais negros da região do Caribe e sul dos Estados Unidos que, juntos, buscavam uma condição mais digna para as populações negras das áreas colonizadas. Outro líder importante nos primórdios do pan-africanismo foi William Edward Burghardt Du Bois, que fundou a Associação Americana para o Progresso das Pessoas de Cor (NAACP) e, em seguida, organizou o Primeiro Congresso Pan-Africano em Paris, no ano de 1919. Marcus Mosiah Garvey também é considerado um dos "pais" do pan-africanismo ao lado de Willians e Du Bois, e foi um dos maiores ativistas da história do movimento nacionalista negro. Garvey liderou o movimento mais amplo de descendentes africanos até então; é lembrado por alguns como o principal idealista do movimento de "volta para a África". Na realidade, ele criou um movimento de profunda inspiração para que os negros tivessem a "redenção" da África, e para que as potências coloniais europeias desocupassem esse continente.

Foi no V Congresso Pan-Africano, em 1945, que surge o lema: "*Resolvemos ser livres; povos colonizados e subjugados do mundo inteiro, uni-vos*". A partir desse congresso essas ideias foram adotadas por vários líderes africanos, que as colocariam em prática numa luta contra as nações europeias que dominavam colonialmente o continente, principalmente França e Inglaterra. Entre esses líderes, destacam-se: Jomo Kenyatta (Quênia), Peter Abrahams (África do Sul), Hailé Sellasié (Etiópia), Namdi Azikiwe (Nigéria), Julius Nyerere (Tanzânia), Kenneth Kaunda (Zâmbia) e Kwame Nkrumah (Gana). Assim o pan-africanismo se tornou um movimento que fomentou as lutas por independência dos povos africanos com relação ao colonialismo europeu que existia no continente desde a Conferência de Berlim, em 1885.

Em recente artigo, o teólogo cubano Pedro Acosta Leyva nos apresenta dois critérios epistemológicos que surgem a partir dos estudos de Du Bois e pelas viagens de divulgação de Garvey: a consciência da situação marginal em que vivem os negros no sistema capitalista e, ao mesmo tempo, a possibilidade de revertê-lo; e o surgimento de uma identidade pan-africana, ou seja, a valorização da origem africana dos negros do resto do mundo.[222] A valorização dessa identidade fez surgir o conceito de *negritude*. Inicialmente, negritude foi o nome dado a uma corrente literária de escritores negros francófonos, mas com o passar do tempo também se tornou uma ideologia de valorização da cultura negra em países africanos ou com populações afrodescendentes expressivas que foram vítimas da opressão colonialista.

Foi em 1935 que Aimé Fernand David Césaire, um poeta, dramaturgo, ensaísta e político martinicano, o usou pela primeira vez. Com o conceito, pretendia-se em primeiro lugar reivindicar a identidade negra e sua cultura, em contraponto à cultura francesa dominante e opressora. O conceito foi retomado mais adiante pelo escritor e político senegalês Léopold Sédar Senghor, que o aprofunda, opondo a razão helênica à emoção negra. Por outro lado, a negritude é um movimento de exaltação dos valores culturais dos povos negros. O nascimento deste conceito reuniu jovens intelectuais negros de todas as partes do mundo, e conseguiu que a ele se unissem intelectuais franceses como Jean Paul Sartre, o qual definiria a negritude como *a negação da negação do homem negro*. No Brasil o seu expoente está em Abdias do Nascimento.

Segundo Senghor, a negritude é o conjunto de valores culturais da África negra. Para Césaire, esta palavra designa em primeiro lugar a repulsa. Repulsa ante a assimilação cultural; repulsa por uma determinada imagem do negro tranquilo, incapaz de construir uma civiliza-

---

[222] LEYVA, Pedro Acosta. Tipologia da hermenêutica afro-negra. *Identidade!* (periódico do grupo Identidade da Faculdades EST/IECLB). v. 14. Janeiro-Dezembro/2009. p. 6.

ção.[223] Graças a filosofia do pan-africanismo e da negritude, o movimento negro mundial se fortaleceu na década de 1960 que, associado aos estudos pós-coloniais que surgem em 1970, geram o conceito de *afrocentricidade.*

Renato Nogueira dos Santos Junior diz que foi Molefi Kete Asante, filósofo afro-estadunidense, quem deu "*tratamento teórico sistemático*"[224] ao conceito de afrocentricidade, e cita-o:

> *Deve-se enfatizar que afrocentricidade não é uma versão negra do eurocentrismo (Asante, 1987). Eurocentrismo está assentado sobre noções de supremacia branca que foram propostas para proteção, privilégio e vantagens da população branca na educação, na economia, política e assim por diante. De modo distinto do eurocentrismo, a afrocentricidade condena a valorização etnocêntrica às custas da degradação das perspectivas de outros grupos. Além disso, o eurocentrismo apresenta a história particular e a realidade dos europeus como o conjunto de toda experiência humana (Asante, 1987). O eurocentrismo impõe suas realidades como sendo "universal", isto é, apresentando o branco como se fosse a condição humana, enquanto todo não-branco é visto como um grupo específico, por conseguinte, como não-humano. O que explica porque alguns acadêmicos e artistas afro-descendentes se apressam por negar e recusar sua negritude; elas e eles acreditam que existir como uma pessoa negra significa não existir como um ser humano universal. Conforme Woodson, elas e eles se identificam e preferem a cultura, arte e linguagem europeia no lugar da cultura, ar-*

---

[223] DEPESTRE, René. *Bom dia e adeus à negritude.* Trad. Maria Nazareth Fonseca e Ivan Cupertino. Paris: Robert Laffont, 1980. p. 82.
[224] RABAKA apud SANTOS JÚNIOR, 2010, p. 2.

> *te e linguagem africana; elas e eles acreditam que tudo que se origina da Europa é invariavelmente melhor do que tudo que é produzido ou os assuntos de interesse de seu próprio povo.*[225]

Elisa Larkin do Nascimento resume, dizendo que "*consiste na construção de uma perspectiva teórica radicada na experiência africana, síntese dos sistemas ontológicos e epistemológicos de diversos povos e culturas.*"[226] A afrocentricidade surge, então, como uma crítica ao eurocentrismo, mas uma crítica construtiva, pois desvela os africanos como "*sujeitos e agentes de fenômenos atuando sobre sua própria imagem cultural e de acordo com seus próprios interesses humanos*"[227], o que é essencial para a construção da exunêutica, pois seus parâmetros são os que localizam a base cultural africana como centro para essas interpretações. Assim, o paradigma da afrocentricidade se torna fundamental para a construção desta teologia não como um conceito meramente sociológico, mas como uma categoria de análise. É com esta lente que nos apropriamos das obras literárias das quais dispomos para a construção da afroteologia. Então, nossa afroteologia é uma teologia das tradições de matriz africana paradigmatizada pela afrocentricidade.

4.2 AFROTEOLOGIA: PROBABILIDADES DE SISTEMATIZAÇÃO

Já aludimos anteriormente aos "*organizadores civilizatórios invariantes*" que estão na base das religiões de matriz africana e que também alicerçam a afroteologia. Essa essência nos é indicada por Míriam Cristiane Alves, doutora em psicologia social e afro-religiosa:

---

[225] ASANTE apud SANTOS JÚNIOR, 2010, p. 3.
[226] NASCIMENTO, 1996, p. 36.
[227] ASANTE apud SANTOS JÚNIOR, 2010, p. 3.

> *O construto comunidade tradicional de terreiro de matriz africana é a materialização simbólica e concreta do complexo cultural negro-africano que se mantém vivo e incorporado à sociedade brasileira por meio de organizadores civilizatórios invariantes, como por exemplo: tradição oral, sistema oracular divinatório, culto e manifestação de divindades, ritos de iniciação e de passagem. Organizadores que são fundamentais para a inscrição de um paradigma civilizatório negro-africano nesse contexto.*[228]

Então, toda tradição de matriz africana está alicerçada nestes "*organizadores*", que são transmitidos oralmente. Para Amadou Hampâté Bâ[229], etnólogo malinês, a tradição oral é, ao mesmo tempo, "*religião, conhecimento, ciência natural, iniciação à arte, história, divertimento e recreação, uma vez que todo pormenor sempre nos permite remontar à Unidade primordial*", pois a palavra falada possui um "*caráter sagrado vinculado à sua origem divina e às forças ocultas nela depositadas*". Assim, elencamos alguns elementos que podem nos servir de base para o estudo da afroteologia. Por acreditarmos na essencialidade destes elementos, achamos por bem agrupá-los e chamá-los, apenas convencionalmente, de **Ọgbọ̀n Mẹ́fà**, ou as "Seis Sabedorias": **Ifá**, **Oriki**, **Adúrà**, **Orin**, **Òwe** e **Orò**, do qual veremos a seguir.

4.2.1 Ifá: texto sagrado

Ifá é o nosso texto oral sagrado, a nossa Bíblia, com a diferença que é totalmente oral, ou seja, fica guardada na memória dos iniciados. Mesmo que estes textos sejam publicados em forma de livro, este jamais terá a mesma configuração sacramental que tem a Bíblia para os

---

[228] ALVES, 2012, p. 56.
[229] BÂ, 2010, p. 169.

cristãos, o Torá para os judeus, o Alcorão para os islâmicos ou os Vedas para os hinduístas. A sacralidade das narrativas está na sua reprodução através da fala, pois é através dela que está o poder criador de Deus – o àṣẹ. Assim como outros livros sagrados, o Ifá narra a história do Universo, desde a criação das divindades (teogonia), passando pela criação do mundo (cosmogonia) e dos seres humanos (antropogonia), até histórias do cotidiano desses povos (ética e moral).

Ifá é composto por dezesseis Odù. Cada Odù representa um capítulo da narrativa sagrada, que subdividem-se em dezesseis *ìtàn* (Histórias Sagradas) que, por sua vez, subdividem-se em dezesseis ẹsẹ (versos), totalizando 4.096 versos. Cada verso conta uma história que serve para explicar a realidade, a sociedade, a ritualística, a teologia e a filosofia desses povos. O conhecimento de Ifá tem origem na divindade chamada Ọrúnmìlà, que carrega vários títulos como: Gbayé gbọ̀run (aquele que vive tanto na Terra como no Céu), Alàtùúnṣe Ayé (aquele que coloca o mundo em ordem), Àgbọnnírẹ̀ gún (o que nunca é esquecido), Ẹlẹ́rìí Ìpín (testemunha da sorte das pessoas), Ọ mọran (o conhecedor de todos os segredos) e *O* pitan Ayé (o grande historiador do mundo).[230] Wándé Abímbọ́lá, citado por Adékọ̀yà, diz que

> Ifá, *também conhecido como* Ọrúnmìlà, *é o deus yorùbá da sabedoria. Ele é a principal divindade do povo yorùbá. Acredita-se que Ele é o grande ministro de* Olódùmarè *(Deus todo-poderoso) enviado do Céu para Terra para desenvolver funções específicas.*[231]

---

[230] BENISTE, José. *Ọ̀run-Àiyé*: o encontro de dois mundos: o sistema de relacionamento nagô-yorubá entre o céu e a terra. 6. ed. Rio de Janeiro: Bertrand Brasil, 2008. p. 98; ADÉKỌ̀YÀ, Olúmúyiwá Anthony. *Yorùbá:* tradição oral e história. São Paulo: Terceira Imagem, 1999. p. 66.

[231] Ifa, otherwise known as Ọ̀rúnmìlà, is the yorùbá god of wisdom. He is one of the principal deities of the yorùbá people. He is believed to be one of the greatest minis-

Ọ̀rúnmìlà é a testemunha de **Olódùmarè**. Ele estava presente à criação das coisas do mundo e dos seres humanos, por isso é o regente do mundo-além e do mundo dos homens, ciente dos segredos, obstáculos e soluções dos malefícios humanos. É sempre referido como homem muito sábio, alguém que era consultado pelo povo e ajudava a todos que o procurava. Por isso, quando se retira da Terra para viver no **Ọ̀run**, **Ọ̀rúnmìlà** deixa para seus filhos dezesseis nozes de cola com os quais poderão consultá-lo e assim perpetuar esse conhecimento[232]. Seus filhos se tornaram **bàbáláwo**, os "pais do segredo", e se perpetuaram até os dias de hoje[233]. **Ọ̀rúnmìlà** também é entendido como a divindade da História, pois, para os *yorùbás* (e semelhante aos judeus), História Sagrada e história factual se confundem. Os sacerdotes de **Ọ̀rúnmìlà** sabem de cor todos os 4.096 versos de Ifá, tornando-se os detentores de toda a cultura e sabedoria *yorùbá*. Contudo, em todas as outras etnias africanas existem correspondências à esse elemento, alterando apenas nomes, mas mantendo o papel essencial.

4.2.2 Orikí: as louvações

Os **oríkì** são versos que exaltam as qualidades das divindades e dos ancestrais, embora também sejam usados para dignificar pessoas importantes como reis, dignatários e chefes de família.

4.2.3 Adúrà: as preces

Adúrà são as preces entoadas em forma de cânticos, porém

---

ters of Olódùmarè (almighty god) sent from heaven to earth to perform specific functions. ABÍMBỌ́LÁ apud ADÉKỌ̀YÀ, 1999, p. 41. Tradução nossa.

232 BENISTE, 2008, p. 95.

233 No Brasil o oráculo da noz de cola foi substituído pelo jogo de búzios, que é jogado pelos *Bàbálórìṣà* e *Ìyálórìṣà*.

sem acompanhamento musical. Um exemplo de adúrà é o criado no Curso Brasil-Nigéria de Língua Yorubá dirigido por José Beniste[234] e corrigido pelo linguista nigeriado Adébayọ̀ Abìdemí Majarọ̀ em curso de língua yorùbá do qual fomos discentes:

Ọlọ́jọ́ Oní, mo júbà re o	Senhor deste dia, meus respeitos
Ọlọ́jọ́ Oní, mo júbà re o	Senhor deste dia, meus respeitos
Ẹ jẹ́ mi jiṣẹ̀	Deixe-me cumprir a missão
Ẹ jẹ́ mi jiṣẹ̀	Deixe-me cumprir a missão
Ti Olódùmarè rán mi	Da qual Olódùmarè me encarregou
Bi Ẹlẹ́mi kò gbà bá	Se o Senhor desta vida não o impedir
Bi Ẹlẹ́mi kò gbà bá	Se o Senhor desta vida não o impedir
Olódùmarè Àṣẹ	Olódùmarè nos dê sua aprovação
Olódùmarè Àṣẹ	Olódùmarè nos dê sua aprovação
Olódùmarè a rán rere	Possa Olódùmarè mandar sua bênção
Sí i wa o	Para o nosso trabalho

4.2.4 ORIN: OS CÂNTICOS SAGRADOS

Orin são os cânticos sagrados dedicados aos Òrìṣà e que lhes servem de evocação e invocação. Neles, estão relatados elementos sobre as divindades que nos revelam sua natureza e há o acompanhamento de instrumentos de percussão. Aqui um exemplo de Orin à Yemọjá:

Ìyá 'dò sìn màa gbẹ̀	Mãe do rio a quem cultuamos
Ìyá wa orò	Nossa Mãe sagrada
Ìyá 'dò sìn màa gbẹ̀	Mãe do rio a quem cultuamos
Ìyá wa orò	Nossa Mãe sagrada
Yemọjá Ìyá wa, Ìyá wa orò	Iemanjá nossa Mãe, nossa Mãe sagrada

[234] BENISTE, 2008, p. 43.

4.2.5 ÒWE: OS PROVÉRBIOS

Os òwe são os provérbios, uma ferramenta pedagógica muito recorrente entre os povos africanos. Como exemplo temos:

Ọwọ́ ọmọdé ò tó pẹpẹ, tàgbà ò wọ kèrègbè.

A mão de uma criança não consegue alcançar uma prateleira, a mão de um velho não entra dentro de um porongo (cabaça).

4.2.6 ORÒ: OS RITOS

O último elemento essencial são os orò, os ritos. Como nos diz Eliade, os ritos são a expressão dos mitos, a sua encarnação. Os mitos são o coração dos ritos; são a estrutura que lhes garante significados. Ritos e mitos são duas faces de uma mesma realidade., mas o que os estudiosos das religiões de matriz africana têm chamado de "mitos" temos chamado a atenção para que sejam chamados de "Histórias Sagradas" ou ìtán, em *yorùbá*, pois entendemos que o termo "mito" é usado para desqualificar as Histórias Sagradas de povos não brancos. Como já disse Joseph Campbel: "*mito é como chamamos a religião do outro*". Três ritos em especial serão a base de nossos estudos afroteológicos, pois são ritos presentes em todas as tradições de matriz africana estruturadas na diáspora: o Borí, o Ọ̀sẹ́ e o Ìsinkú.

4.2.6.1 BORÍ: NASCIMENTO E RENASCIMENTO

O Borí é um rito de renascimento. Para as tradições de matriz africana o ser humano nasce duas vezes: o parto físico, advindo do ventre de sua mãe, e o nascimento espiritual, ritualizado no Borí. É o rito mais importante para essa tradição, pois quem a realiza estabelece um vínculo com o seu Òrìṣà, garantindo um relacionamento mais profundo. Este rito também é escatológico, pois garante longevidade e uma pós vida plena garantida na ancestralização. A feitura de Borí está intimamente relacionada à noção ontológica de humanidade (ser físico e ser espiritual).

Vários autores como Beniste, Verger, Bastide e outros, têm dito que o termo significa "alimentar à cabeça" (ẹbọ [ébó = oferenda] + orí [ọrí = cabeça), numa alusão ao fato de estarmos alimentando a nossa cabeça mítica, ou seja, fortalecendo-a. Contudo, caso fosse este o seu significado real, a pronuncia seria "bórí" (escrita bọrí). Há até aqueles que, influenciados por essa concepção, têm escrito e divulgado o termo "ẹbọrí". Entrementes, em todo o Brasil pronunciamos "bôrí" (Borí), o que nos leva a crer num significado diferente: *bí* + *orí,* o "(re)nascer da cabeça".

A cabeça é considerada a parte do corpo mais importante. Ela é a primeira a nascer e é a sede do conhecimento, da inteligência, da individualidade, da sabedoria, da razão e possui todas as ferramentas para que o ser humano os adquira (olhos, ouvidos, nariz, boca)[235]. O rito de *borí* está intimamente relacionado à ontologia dessa visão de mundo. A ontologia *yorùbá*, assim como de outros povos africanos, foi amplamente trabalhada por autores como Pierre Verger, Wándé Abímbọ́lá, Juana Elbein dos Santos e Dioscóredes Maximiliano dos Santos, Jean Ziegler, William Bascom, entre outros. Com base nestes autores, pudemos pensar numa ontologia de acordo com a realidade do Batuque.

Na ontologia do Batuque os seres humanos têm dois elementos indissolúveis: o físico e o espiritual. O corpo (ara) enquanto elemento físico está teologicamente relacionado com sua criação divina. Acreditamos que a constituição do ser humano enquanto ser biológico está

---

[235] BENISTE, 2008, p. 128.

relacionado com a contribuição dos Òrìṣà na construção de seu DNA, ou seja, quando o ser humano é criado um Òrìṣà contribui para completar o código do DNA dessa pessoa, que assim passa a estar diretamente relacionado à Ele. Se torna Seu descendente mítico. É por isso que percebemos semelhanças físicas entre filhos de um mesmo Òrìṣà. A isso convencionamos chamar de *orixalidade*.

Mas além da orixalidade, também há a *ancestralidade*, ou seja, a contribuição de nossos ancestrais biológicos para a construção de nosso corpo enquanto ser biológico. Então somos fruto de uma contribuição mítica e ancestrálica na nossa concepção. Santos explica bem isso:

> *Se os pais e antepassados são os genitores humanos, os Òrìṣà são os genitores divinos; um indivíduo será "descendente" de um Òrìṣà que considerará seu "pai" – **baba mi** – ou sua "mãe" – **ìyá mi** – de cuja matéria simbólica – água, terra, árvore, fogo, etc. – ele será um pedaço. Assim como nossos pais são nossos criadores e ancestres concretos e reais, os Òrìṣà são nossos criadores simbólicos e espirituais, nossos ancestres divinos.*[236]

Percebemos, então, que somos seres constituídos a partir de elementos da natureza do qual o Òrìṣà é o responsável direto por sua vivificação. Outra forma de dizer isso é que o Òrìṣà é quem dá vida à natureza da qual ele é o responsável e é dessa natureza que ele retira a substância que contribuirá na formação biológica dos seres humanos. Como exemplo podemos citar o das filhas de Yánsàn que sentem muito frio à menor brisa, pois o seu "DNA" está saturado com o vento, contribuição dessa divindade. Somos, outrossim, seres biomíticos.

Como já alegamos antes, nessa visão de mundo o orí (cabeça) é a parte mais importante por ser sede de elementos que constituem

---

[236] SANTOS, 1986, p. 103. Grifo da autora.

nossa individualidade. A ancestralidade também é evidente nesta parte do corpo, pois temos nossos rostos e até comportamentos semelhantes à de nossos pais, avós ou parentes próximos. Quantos de nós já ouvimos de nossas famílias que temos qualidades ou defeitos de nosso pai ou mãe ou avô ou avó? Da mesma forma, também percebemos a presença da orixalidade, já que guardamos traços no rosto que nos identificam com o nosso próprio Òrìṣà, assim como com outros filhos do mesmo Òrìṣà. Inclusive em nossas qualidades e defeitos, o que Carl Gustav Jung denominou arquétipo.

Outra parte do corpo que tem destaque são os membros inferiores (ẹsẹ̀). Wándé Abímbọ́lá diz que "*ẹsẹ̀ é reconhecido pelos iorubás como uma parte vital da personalidade humana, em ambos os sentidos, físico e espiritual.*"[237] Sob o ponto de vista espiritual o orí (cabeça), ara (corpo) e ẹsẹ̀ (pernas) são partes constituintes da personalidade humana que se inter-relacionam com o meio físico e o espiritual ao mesmo tempo. Isto nos constitui como seres antropoteogônicos, ou seja, somos criados como seres biológicos e hierofânicos, pois nosso corpo também é uma manifestação do sagrado.

Basicamente o nosso ser espiritual possui quatro partes: ẹ̀mí, èémí, orí ínú e ẹsẹ̀. Ẹ̀mí é a alma, os sentimentos, emoções, que fisicamente está representado pelo coração (ọkàn). Èémí é o espírito sagrado soprado por Olódùmarè em nossas narinas e que nos dá vida. É representado pela respiração. Orí ínú é a "cabeça de dentro" ou seja o centro mítico de nossa existência individualizada. Para Abímbọ́lá:

> *Orí é a essência da sorte e a mais importante força responsável pelo sucesso ou fracasso humano. Além disso,*

---

[237] ABÍMBỌ́LÁ, Wándé. *A concepção iorubá da personalidade humana.* Trad. Luiz L. Marins. Março/2012. Disponível em: <http://culturayoruba.files.wordpress.com/2012/11/a-concepcao-ioruba-da-personalidade-humana-abimbola.pdf>. Acesso em: 13 set. 2013. p. 17.

> *Orí é a divindade pessoal que governa a vida e se comunica, em prol do indivíduo, com as demais divindades. Qualquer coisa que não tenha sido sancionada pelo Orí de uma pessoa, não pode ser aprovado pelas divindades.*[238]

É no **orí** que está determinado nosso plano mítico-social que muitas vezes (e talvez erroneamente) é entendido como destino, o **Odù**. Entendemos que **Odù** é o planejamento que **Olódùmarè** faz para nós, quando ainda estamos no **Ọrún**, e que devemos buscar cumprí-lo. Para tanto, é necessário descobrirmos qual é - e quem nos diz isso é **Ọrúnmìlà** atravéz da consulta à **Ifá**. Contudo, temos nosso livre-arbítrio para buscá-lo ou não, mas, como toda escolha individual, existem consequências. Já o ẹsẹ̀ é o "*símbolo do poder e atividade*", da possibilidade de realização das designações do **Orí**. Todos estes elementos estão represetados no **Igbá Orí**, que recebe oferendas de tempos em tempos através do rito de **Borí**. Como dissemos, o **Borí** é um rito de renascimento e quem o realiza estabelece um vínculo com o seu **Òrìṣà**, garantindo um relacionamento mais profundo.

Em África o **Òrìṣà** é uma divindade que pertence à coletividade, mas no Brasil ela se torna individualizada, pois se lá um único **Òrìṣà** é o conector de toda uma comunidade, clã ou família, aqui vários **Òrìṣà** se convergem na constituição de uma pessoa. Ao tornar-se uma divindade pessoal, o **Òrìṣà** se relaciona com o **orí**, o **ara** e o ẹsẹ̀. Assim, temos um **Òrìṣà** principal que reside e rege a cabeça (**orí**) do

---

[238] ABÍMBỌLÁ, Wándé. Ìwàpèlè: O conceito de bom caráter no corpo literário de Ifá. In: *Tradição Oral Ioruba*: seleção de artigos apresentados no seminário sobre tradição oral iorubá: poesia, música, dança e drama. Departamento de Línguas e Literaturas Africanas, Universidade de Ile Ifé. Trad. Rodrigo Ifáyodé Sinoti. Ile Ifé, Nigéria, 1975, p. 389-420. Disponível em: <http://culturayoruba.files.wordpress.com/2012/04/c3acwc3a0pc3a8lc3a9_o_conceito_do_bom_carater.pdf>. Acesso em: 13 set. 2013.

iniciado, outro que rege o corpo (ara) e outro que rege as pernas e pés (ẹsẹ̀). Muitas vezes, as pernas e os pés são separados por acreditarem ser de categorias diferentes, ficando os pés à cargo exclusivo de Bara, um Èṣù específico e individual de cada pessoa.

O que dinamiza a relação entre todos estes elementos é o poder de Èṣù, cuja função é o de transmissor do àṣẹ, o poder divino de criação e manutenção da vida. Este Èṣù também é chamado de Bara ou ainda Ọbara, como um epíteto para o Èṣù que é o "Rei do corpo" (Ọba + ara). É o elemento espiritual que garante a funcionalidade de todos os órgãos do corpo humano. É durante o rito de Borí que o orí, o ara e o ẹsẹ̀ recebem oferendas sacrificiais, que devem ser refeitas todos os anos como num contrato mítico entre a pessoa, as divindades envolvidas na sua constituição e Ìkú, a Morte. Com isso percebemos que a noção de pessoa no Batuque do Rio Grande do Sul é complexa e dinâmica, entrementes, ainda não conclusivas, necessitando de um estudo mais profundo para que sua compreensão se dê de forma mais satisfatória.

4.2.6.2 ỌSẸ́: RITOS DE ANO NOVO

Os ritos de renovação e restituição são chamados de Ọ̀sẹ̀. Como vimos nos primeiros capítulos desta obra, em África, segundo Verger[239], a semana *yorùbá* tem quatro dias, sendo que um deles é chamado Ọ̀sẹ̀ e há os pequenos domingos (Ọ̀sẹ̀ kékeré), onde são renovadas as oferendas incruentas, e os grandes domingos (Ọ̀sẹ̀ nlá), *quando* são realizadas procissões onde o assentamento do Òrìṣà é lavado com água da nascente de um rio e sacrifícios de animais são oferecidos em um grande banquete de comunhão entre as divindades, os antepassados, a comunidade local e visitantes.

---

239 VERGER, 1997. p. 88.

No Brasil muito destes elementos ritualísticos permaneceram na estruturação dos cultos aos Òrìṣà. No caso específico do Batuque do Rio Grande do Sul, tradição de matriz africana do qual detemos conhecimento mais profundo por sermos iniciados, a palavra Ọ̀ṣẹ́ permaneceu como um rito anual, embora deturpada pela nova realidade. Aqui, Ọ̀ṣẹ́ tem quase o significado de "limpeza ritual dos assentamentos dos Òrìṣà". Geralmente ocorre no mês de dezembro, mais ou menos próximo ao final do ano, onde o quarto sagrado onde ficam os assentamentos dos Òrìṣà é completamente desmanchado, as quartinhas esvaziadas, tudo é limpo, deixado como novo, e por fim refeito, reconstruído, reorganizado, pronto para as renovações anuais das imolações que alimentará o povo na grande festa pública que acolhe iniciados e não-iniciados, assim como os Òrìṣà que se manifestam em seus Ìyàwó.

4.2.6.3 ÌSINKÚ: RITOS FUNERÁRIOS

Os ritos funerários são os chamados Ìsinkú, que no Brasil ganhou nomes diferentes de acordo com a tradição seguida pelos iniciados: **aròsún** no Batuque; àṣẹ̀ṣẹ̀ no Candomblé Ketu; **mukondo** no Candomblé de Angola; *tambor de choro* no Tambor-de-Mina do Maranhão; **sírrum** no Candomblé jèjè etc. Este rito está intimamente relacionado ao processo de ancestralização e escatologia dessas tradições. Durante os Ìsinkú os iniciados dançam, cantam, comem e bebem. A liturgia é pública e os visitantes são convidados para a partilha das iguarias. O traje branco é obrigatório; a propósito, a cor branca é utilizada nas celebrações de nascimento e transformação, sendo necessária nos ritos de passagem de todas as Nações.

Os rituais têm início no dia de falecimento do iniciado. O corpo é velado no terreiro., as pessoas dançam e cantam em homenagem ao falecido. Depois sai o cortejo fúnebre com familiares pegando o caixão e balançando, para frente e para trás, um movimento que simboliza o pertencimento tanto a este quanto ao outro mundo. No sexto dia são feitos os sacrifícios rituais, entoa-se cânticos, faz-se oferendas e come-se, de acordo com os preceitos do Batuque, o "arroz com galinha", prato proibido nos outros dias, mas propiciatório nesses rituais. Ao sétimo dia são entoados os cânticos sagrados novamente. Prepara-se um banquete que é refestelado por todos. À ponta da mesa ninguém fica, pois é o lugar do falecido que, acredita-se, está ali. Após, dança-se em círculo e alguns Òrìṣà se manifestam em seus iniciados. Neste rito específico os Òrìṣà se manifestam silenciosamente, exceto Ọya, que faz ecoar sua gargalhada visceral avisando aos quatro cantos que Ela está presente. Ọya veio buscar a alma do morto. No final, todos os implementos que pertenciam ao falecido, assim como as comidas de que gostava e as oferendas são reunidas num carrego que será depositado no mato. O mato é um espaço sagrado que também está relacionado com os ancestrais.

Ọya carrega a alma do morto para o Ọ̀run Àsàlú, onde Olódùmarè julgará seus atos e seu caráter e dará seu veredito final absolvendo ou condenando a pessoa. Caso seja absolvida, irá para um dos bons espaços do Ọrun: Ọrun Rere, o bom lugar para aqueles que foram bons durante a vida; Ọ̀run Àlàáfíà, o local de paz e tranquilidade; Ọ̀run Funfun, espaço do branco e da pureza; ou Ọ̀run Bàbá Ẹni onde se encontrará com seus ancestrais. Se a pessoa for condenada, seu destino poderá ser o Ọ̀run Afẹ́fẹ́, local onde os espíritos permanecem até tudo ser corrigido e onde ficarão até renascerem; Ọ̀run Àpààdì, espaço dos "cacos", do lixo celestial, das coisas quebradas e impossíveis de reparar e de serem restituídas à vida terrestre através do renascimento; ou Ọ̀run Burúkú, o mau espaço, quente como pimenta, destinado às pessoas más. No Ọ̀run Àkàsò os espíritos aguardam o regresso ao mundo através do renascimento.[240]

[240] BENISTE, 2008, p. 42-43.

Beniste[241] define **àtúnwa** como reencarnação, mas não me parece ser este o conceito mais acertado. O conceito de reencarnação parece significar que uma consciência indivisível pula de corpo em corpo, acumulando saberes e experiências, com um propósito definido que para os espíritas é a evolução e para os hindus é o nirvana. Mas na concepção *yorùbá* do ser, a pessoa tem sua individualidade única e completamente presa à sua existência; com a morte a sua individualidade transcende e nunca mais retorna. A alma, no **Ọ̀run**, se divide[242], ficando uma parte no **Ọ̀run**, que é sempre relembrada nos rituais aos antepassados. Outra parte renasce, pois, mesmo sendo a alma de um antepassado, ganhará novo plano mítico-social, novo destino, novo **Ẹ̀mí**. **Bara** novamente lhe propiciará o movimento, uma nova vida completamente diferente e indiferente àquela anterior.

Ninguém traz nada da vida anterior para esta, portanto os conceitos espíritas de carma e a "lei da causa e efeito" que implicam os reencarnados não se aplicam à cosmovisão *yorùbá.* Estar vivo é a motivação para os *yorùbá.* A morte é enfadonha, por isso nos apressamos para retornar a vida, pois bom é estar vivo.

---

[241] BENISTE, 2008, p. 203.

[242] Semelhante aos conceitos de *Kha* e *Bha* na religião Egípcia.

Bí iná kò bá tán ló'rí lá'ṣọ,
ẹ̀jẹ̀ kì tán léèékánná.

Enquanto não acabam os piolhos na cabeça ou na roupa (de uma pessoa), o sangue vai continuar nas suas unhas.

Provérbio yorùbá[243]

[243] Provérbio colhido no site Ilé Èdè Yorùbá. Disponível em: <http://www.edeyoruba.com/sabor-da-cultura.html>. Acesso em: 15 jul. 2014.

CONCLUSÃO

O provérbio africano que abre nossas considerações finais nos ensina que não adianta tentarmos resolver um problema se não chegarmos à sua raiz. Assim, o problema não são as unhas sujas de sangue (por matar os piolhos), mas sim a causa direta da infestação pelo inseto: a falta de higiene pessoal. Da mesma forma, acreditamos que os problemas enfrentados atualmente pelos vivenciadores das tradições de matriz africana residem numa série de elementos culturais que o desqualificam enquanto um legítimo vivenciador de uma tradição possuidora de valores civilizatórios, de uma ética e de uma moral capaz de agir na sociedade de forma a ajudá-la a superar suas dificuldades no trato com a pluralidade de entendimentos sobre a vida na Terra.

Viemos até aqui com a intenção de verdadeiramente tornarmo-nos teólogos conscientes de nosso papel para nossa comunidade de fé e para a comunidade acadêmica. Pensamos que ser um aluno "pai de santo" numa instituição de ensino evangélica fosse nos causar alguns problemas de ordem pessoal, cognitiva e acadêmica, mas, pelo contrário, foi extremamente gratificante a troca com colegas e professores, indicações de bibliografia, explicações de conceitos e, sobretudo, ética e respeito tanto pela Instituição quanto nas relações pessoais. Iniciamos este trabalho certos do que queríamos, por isso mesmo não percebemos grandes dificuldades na sua elaboração, levando em conta o cabedal de informações adquiridas ao longo de nossa formação e experiência acadêmica, além de nossa vivência na tradição de matriz africana.

Com este trabalho pudemos perceber que, assim como os demais povos africanos, os *yorùbá* tiveram sua história negada pela academia ocidental. Um esforço no sentido de acabar com esta barreira epistemológica foi feito e os próprios africanos puderam contar sua história. No caso dos *yorùbá,* ainda pudemos perceber que sua cosmovisão, como bem nos ensina Paul Tillich, é a sua preocupação suprema, logo, é o que embasa absolutamente todos os aspectos de sua cultura, de sua economia e de sua sociedade. É uma cosmovisão da qual emanam pressupostos civilizatórios, filosóficos e teológicos.

Também evidenciamos que o Batuque tem uma origem africana que permaneceu em seus rituais. O cristianismo como base do eurocentrismo universalizado para a população mundial gerou o racismo como forma de dominação de outros povos, principalmente os africanos, o que justificou a escravidão e depois a intolerância às tradições de matriz africana e afro-brasileiras. O conjunto destes elementos resultaram num lento e progressivo epistemicídio dos saberes ancestrálicos africanos, que perdura até os dias atuais provocando idiossincrasias, embranquecimento e mercantilismo nessa tradição. Conhecer estes elementos nos faz refletir sobre as pressões pelas quais nossos ancestrais sofreram para manter a sua tradição o mais próximo possível de África. Por outro lado, também evidenciamos que o tempo passa, mas a perseguição persiste, recrudesce.

A recuperação dos princípios teológicos e filosóficos das tradições de matriz africana é basilar para a compreensão dessa tradição e para a luta por isonomia com as demais tradições religiosas, com a intenção de constituir, assim, um grupo epistemologicamente coeso e forte diante dos problemas internos e externos que se apresentam. Deus, para os *yorùbá*, age no mundo indiretamente, através dos Òrìṣà. Conhecermos sua natureza e seus propósitos é o mote da afroteologia. Por isso, pensamos numa metodologia que desse voz aos anseios dos afro-religiosos segundo sua própria fé. Assim, pensamos na afrocentricidade como paradigma para a hermeneutização de teóricos cristãos de forma a nos ajudar a pensar numa sistematização da teologia dessa tradição.

A exunêutica é a forma filosófica africana de interpretação. Parte de princípios alicerçados na afroteologia, que lhe garante uma visão de mundo centrada na reflexão teológica sobre a religião de matriz africana. Busca na afrocentricidade, na negritude e no pan-africanismo a noção de localização das formas de ver o mundo e de se ver no mundo, dando voz às formas africanas de questionamento, concepção e reflexão. É a experiência africana que proporciona a exunêutica.

Elencamos alguns elementos que podem nos servir de base para o estudo dessa teologia específica por acreditarmos na essencialidade deles: Ifá, oriki, adúrà, orin, òwe e orò se apresentam como elementos essenciais para a compreensão afroteólogica e já se tornam, juntos, um corpo complexo e dinâmico que propicia uma reflexão teológica realmente "desde dentro", como nos assevera Juana Elbein dos Santos, aliás como toda teologia deve ser. A afroteologia, então, é a teologia própria das religiões de matriz africana. Parte de princípios próprios da visão de mundo ancestral africana, que lhe confere uma relação singular entre o significante e o significado; lhe emprega sentidos próprios seguindo a lógica cultural das observações desse povo sobre o mundo visível e o invisível.

Relativo à comprovação da hipótese, pode-se dizer que o trabalho foi muito bem sucedido. Estudando a História e Teologia da tradição *yorùbá*, pudemos perceber a ligação direta que o Batuque tem com essa tradição. Pelos elementos reminiscentes observados, podemos concluir que, de fato, a África explica o Batuque. Aliás, não só explica como também ensina naquilo que foi perdido pela destituição epistemológica. Esta dissertação também foi bem sucedida no que tange ao alcance dos objetivos, passos importantes para o nosso entendimento das questões teológicas, filosóficas e históricas desta magnífica civilização. O povo negro, escravizado por quatrocentos anos, tem que ter sua cultura e sua história resgatadas e este trabalho se inscreve também nesta perspectiva.

Chegamos ao final deste trabalho certos do dever cumprido. Buscamos não apenas evidenciar e descrever o que nossas observações nos mostraram, mas também elaborar uma sistematização teológica que contemple amplamente nossa fé em toda sua dinâmica civilizatória. Certamente este trabalho não põe fim ao tema, mas contribui para apontar certos caminhos dos quais pretendemos aprofundar no futuro.

Ẹ ṣeun púpọ̀!
Muito obrigado!

APÊNDICE

KÍKỌ ATI NÍ KÍKÀ ÈDÈ YORÙBÁ

Escrevendo e lendo no idioma Iorubá

As palavras em língua iorubá que figuram neste trabalho estão escritos segundo a obra *Uma abordagem moderna ao yorùbá* (Edição do Autor, 2011), do linguista nigeriano Gideon Babalọlá Ìdòwú. Utilizamos a ortografia moderna a fim de tornar mais compreensível a rica tradição oral preservada nas tradições de matriz africana. Tivemos a oportunidade de ser discentes de cursos dessa língua com os professores nigerianos Adébayọ̀ Abìdemí Majarọ̀ e Gideon Babalọlá Ìdòwù, onde pudemos ter os primeiros contatos desenvolvendo a pronúncia e a escrita. Este anexo aproveita essa experiência com a finalidade de auxiliar os leitores deste trabalho a pronunciar corretamente as palavras dessa língua africana.

As diferenças entre a língua portuguesa e a língua iorubá são gritantes, mas não são totalmente indiferentes uma à outra, talvez por muito dessa cultura ter se tornado a fundação de nossa própria. A língua iorubá é tonal e palavras idênticas, porém pronunciadas ou escritas de forma diferente, se referem a coisas diferentes. Por exemplo: owó (dinheiro), òwò (negócio), ọwọ́ (mão), ọwọ̀ (vassoura), Ọ̀wọ̀ (nome de uma cidade nigeriana). O alfabeto iorubá é constituído por 25 letras:

A B D E Ẹ F G GB H I J K
L M N O Ọ P R S Ṣ T U W Y

Consoantes e vogais têm a mesma fonética que em português, porém a vogal **E** pronuncia-se sempre fechada, como em "ema", a **Ẹ** é sempre aberta como em "Eva". **G** tem som gutural como em "gado", e nunca como **J**. **GB** é uma letra única e tem som explosivo. **H** é sempre pronunciado e tem som aspirado como em "hell" (inglês). A vogal **O** é fechado, como em "ovo" e **Ọ** é aberto como em "pó". **R** tem um som brando como em "rest" (inglês), nunca como **RR**. A consoante **S** é sibilante como em "sistema" e **Ṣ** é chiada como em "xícara" ou "chimarrão". **W** tem som de **U** e **Y** tem som de **I**. Não existem as consoantes **C, Q, V, X** e **Z**. A indicação do tom das sílabas é feita pela acentuação: grave (\`) indica tom baixo (dó), sem acento é tom médio (ré) e agudo (´) indica tom alto (mi).

REFERÊNCIAS

ABÍMBỌ́LÁ, Wándé. *A concepção iorubá da personalidade humana*. Trad. Luiz L. Marins. Março/2012. Disponível em: <http://culturayoruba.files.wordpress.com/2012/11/a-concepcao-ioruba-da-personalidade-humana-abimbola.pdf>. Acesso em: 13 set. 2013.

_______. Ìwàpẹ̀lẹ̀: O conceito de bom caráter no corpo literário de Ifá. In: *Tradição Oral Ioruba*: seleção de artigos apresentados no seminatio sobre tradição oral iorubá: poesia, musica, dança e drama. Departamento de Línguas e Literaturas Africanas, Universidade de Ile Ifé. Trad. Rodrigo Ifáyodé Sinoti. Ile Ifé, Nigéria, 1975, p. 389-420. Disponível em: <http://culturayoruba.files.wordpress.com/2012/04/c3acwc3a0pc3a8lc3a9_o_conceito_do_bom_carater.pdf >. Acesso em: 13 set. 2013.

ADÉKỌ̀YÀ, Olúmúyiwá Anthony. *Yorùbá:* tradição oral e história. São Paulo: Terceira Imagem, 1999.

ÁFRICA: uma história rejeitada. Produção e direção: David Dugan. In: CIVILIZAÇÕES Perdidas. [S.I.]: Time-Life Vídeo, 1995. 10 videocassetes, VHS, v. 9 (47 min), NTSC, Son., Color. Título original: Lost civilizations. [também disponível em: <http://youtu.be/vsIal27mtAA>. Acesso em: 30 abr. 2014.]

ALVES, Míriam Cristiane. *Desde dentro*: processos de produção de saúde em uma comunidade tradicional de terreiro de matriz africana. Porto Alegre: PUC/RS, 2012. 306 f. Tese (Doutorado em Psicologia Social) – Faculdade de Psicologia, Pontifícia Universidade Católica do Rio Grande do Sul, Porto Alegre, 2012.

AMIN, Samir. *O desenvolvimento desigual*: ensaio sobre as formações sociais do capitalismo periférico. Rio de Janeiro: Forense Universitária, 1976. 334 p.

ARAÚJO, Glauber Souza. Paul Tillich e sua teologia da cultura. *Correlatio*. v. 9, nº 17. São Paulo, 2010. p. 178-187. Disponível em: <https://www.metodista.br/revistas/revistas-metodista/index.php/COR/issue/view/169>. Acesso em: 05 maio 2014.

ASSUMPÇÃO, Jorge Euzébio. Época das charqueadas (1780-1888). In: CARELI, Sandra da Silva; KNIERIM, Luiz Claudio (org.). *Releituras da história do Rio Grande do Sul*. Fundação Instituto Gaúcho de Tradição e folclore. Porto Alegre: CORAG, 2011. p. 139-158.

ATLÂNTICO negro: na rota dos Orixás. Direção: Renato Barbieri. [São Paulo]: Instituto Itaú Cultural, 1998. 1 DVD (53 min), NTSC, son. Color. (também disponível em: <http://youtu.be/5h55TyNcGiY>. Acesso em: 10 abr. 2014.)

BÂ, A. Hampaté. A tradição viva. In: KI-ZERBO, J. (ed.). *História geral da África I*: metodologia e pré-história da África. Brasília, DF: UNESCO, 2010. p. 167-212.

BARROS, José Flávio Pessoa de. *A fogueira de Xangô... o Orixá do fogo*: uma introdução à música sacra afro-brasileira. Rio de Janeiro: UERJ, 1999.

BARROS, Marcelo. *O sabor da festa que renasce*: para uma Teologia Afro-Latíndia da Libertação. São Paulo: Paulinas, 2009. 190p.

BAUMAN, Zygmunt. *Ensaios sobre o conceito de cultura*. Trad. Carlos Alberto Medeiros. Rio de Janeiro: Zahar, 2012.

BENISTE, José. *As águas de Oxalá*: (àwon omi Ósàlá). 3. ed. Rio de Janeiro: Bertrand Brasil, 2005.

______. *Ọ̀run-Àiyé*: o encontro de dois mundos: o sistema de relacionamento nagô-yorubá entre o céu e a terra. 6. ed. Rio de Janeiro: Bertrand Brasil, 2008.

______. *Jogo de Búzios*: um encontro com o desconhecido. 5. ed. Rio de Janeiro: Bertrand Brasil, 2008b. 294 p.

BEOZZO, José Oscar. Evangelho e escravidão na teologia latino-americana. In: RICHARD, Pablo (org.) *Raízes da teologia latino-americana*. São Paulo: Paulinas, 1988, p. 83-122.

BERKENBROCK, Volney J. *A experiência dos orixás*: um estudo sobre a experiência religiosa no Candomblé. 3. ed. Petrópolis: Vozes, 2007. 470 p.

BHABHA, Homi K. *O local da cultura*. Trad. Myriam Ávila, Eliana Lourenço de Lima Reis e Gláucia Renate Gonçalves. Belo Horizonte: Editora UFMG, 1998.

BÍBLIA online. Disponível em: <http://www.bibliaonline.com.br/>. Acesso em: 30 maio 2014.

BOFF, Clodovis. *Teoria do Método Teológico*. 5. ed. Petrópolis: Vozes, 2012.

BOTAS, Paulo Cezar Loureiro. *Carne do sagrado, Edun Ara*: devaneios sobre a espiritualidade dos orixás. Koinonia Presença Ecumênica e Serviço/Vozes: Rio de Janeiro/Petrópolis, 1996.

BOURDIEU, Pierre. *Economia das trocas simbólicas*. São Paulo: Perspectiva, 2007.

BRANDÃO, Junito de Souza. *Dicionário mítico-etimológico da mitologia grega*. v. 1. Petrópolis: Vozes, 1991. p. 548-552.

BRANDON, George. Santeria. In: ASANTE, Molefi Kete; MAZAMA, Ama (org.). *Encyclopedia of African religion*. USA: SAGE Publication, Inc., 2009. p. 589-593.

BRASIL. *Plano Nacional de Desenvolvimento Sustentável dos Povos e Comunidades Tradicionais de Matriz Africana* (2013-2015). Presidência da República. Secretaria de Políticas de Promoção da Igualdade Racial. 2013.

______. Secretaria de Políticas de Promoção da Igualdade Racial. *Comunidades tradicionais*. Disponível em: <http://www.seppir.gov.br/comunidades-tradicionais-1>. Acesso em: 23 maio 2014.

BRAUDEL, Fernand. *Escritos sobre a história*. 2. ed. São Paulo: Perspectiva, 1992. 289 p.

CARVALHO, José Murilo de. O motivo edênico no imaginário social brasileiro. *Revista brasileira de ciências sociais* [online]. v.13, n.38. São Paulo, out. 1998.

COLEÇÃO História Geral da África em português comemora um ano com 390 mil downloads. ONUBR: Nações Unidas no Brasil. 13 de dezembro de 2011. Disponível em: <http://www.onu.org.br/colecao-historia-geral-da-africa-em-portugues-comemora-um-ano-com-390-mil-downloads/>. Acesso em: 30 abr. 2014.

COMAS, Juan; et al. *Raça e Ciência I*. São Paulo: Perspectiva, 1960. 272 p.

CORRÊA, Norton F. *O batuque do Rio Grande do Sul*: antropologia de uma religião afro-rio-grandense. 2. ed. São Luís: Cultura & Arte, 2006. 296p.

______. Os bimembranófonos iorubá no Brasil. *European Review of Artistic Studies*. v.2, n.3, 2011, p. 60. Disponível em: <http://www.eras.utad.pt/docs/tambores.pdf>. Acesso em: 21 maio 2014.

CUPERTINO, Fausto. *As muitas religiões do brasileiro*. Rio de Janeiro: Civilização Brasileira, 1976. 143 p.

DAVIDSON, Basil. *À descoberta do passado de África*. Lisboa: Sá da Costa, 1981.

DEL PRIORE, Mary; VENÂNCIO, Renato Pinto. *Ancestrais*: uma introdução à história da África atlântica. Rio de Janeiro: Elsevier, 2004.

DEPESTRE, René. (Trad. Maria Nazareth Fonseca e Ivan Cupertino) *Bom dia e adeus à negritude*. Paris: Robert Laffont, 1980. 262p.

DESMANGLES, Leslie. Vodou in Haiti. In: ASANTE, Molefi Kete; MAZAMA, Ama (org.). *Encyclopedia of African religion*. USA: SAGE Publication, Inc., 2009. p. 695-700.

DUSSEL, Enrique. Oito ensaios sobre cultura Latino-Americana e libertação. São Paulo: Paulinas, 1997. 231p.

______. Europa, modernidade e eurocentrismo. In: LANDER, Edgardo (org.). *A colonialidade do saber*: eurocentrismo e ciências sociais: perspectivas latino-americanas. Buenos Aires: CLACSO, 2005. p. 24-32.

ELIADE, Mircea. *Origens*: história e sentido na religião. Lisboa: Edições 70, 1989. 203 p.

______. *O mito do eterno retorno*. São Paulo: Mercuryo, 1992. 175 p.

______. *O sagrado e o profano*: a essência das religiões. 3. ed. São Paulo: Martins Fontes, 2010.

FASI, Mohammed El; HRBEK, Ivan. Etapas do desenvolvimento do Islã e da sua difusão na África. In: FASI, M. El; HRBEK, I. (ed.). *História geral da África III*: África do século VII ao XI. Brasília, DF: UNESCO, 2010. p. 69-112.

FORD, Clyde W. *O herói com rosto africano*: mitos da África. São Paulo: Selo Negro, 1999.

GEERTZ, Clifford. A interpretação das culturas. 1. ed. 13. reimp. Rio de Janeiro: LTC, 2008.

GIDDENS, Anthony. *Sociologia.* 4. ed. Porto Alegre: Artmed Editora S. A., 2005. 598 p.

GIORDANI, Mário Curtis. *História da África*: anterior aos descobrimentos. Petrópolis: Vozes, 1993.

GROSS, Eduardo. Considerações sobre teologia entre os estudos da religião. In: TEIXEIRA, Faustino (org.). *A(s) ciência(s) da religião no Brasil*: afirmação de uma área acadêmica. 2. ed. São Paulo: Paulinas, 2008. p. 323-346.

HRBEK, Ivan. A África no contexto da história mundial. In: FASI, M. El; HRBEK, I. (ed.). *História geral da África III*: África do século VII ao XI. Brasília, DF: UNESCO, 2010. p. 01-38.

ÌDÒWÙ, Gideon Babalọlá. *Uma abordagem moderna ao yorùbá* (nagô): gramática, exercícios, minidicionário. 2. ed. Porto Alegre: do Autor, 2011. 256 p. Com CD.

ILÉ èdè yorùbá. Disponível em: <http://www.edeyoruba.com/sabor-da-cultura.html>. Acesso em: 15 jul. 2014.

ISAIA, Artur César. Hierarquia católica e religiões mediúnicas no Brasil da primeira metade do século XX. *Revista de Ciências humanas.* nº 30. Florianópolis: EDUFSC, outubro de 2001. p. 67-80.

JENSEN, Tina Gudrun. Discursos sobre as religiões afro-brasileiras: da desafricanização para a reafricanização. *Revista de Estudos da Religião.* nº 1, jan. 2001. p. 01-21. Disponível em: <http://www.pucsp.br/rever/rv1_2001/p_jensen.pdf>. Acesso em: 01 jul. 2014.

JESUS, Jayro Pereira de; et al. *Reivindicações das Religiões de Matriz Africana ao Governo do Estado do RS.* Disponível em: <http://www.babadybadeyemonja.com/2011/11/ repressentantes-das-religioes-de-matriz.html>. Acesso em: 08 jan. 2014.

JORGE, Pe. J. Simões. *Cultura religiosa*: o homem e o fenômeno religioso. 2. ed. São Paulo: Loyola, 1998. 138p.

JULLIEN, François. *O diálogo entre as culturas*: do universal ao multiculturalismo. Trad. André Telles. Rio de Janeiro: Jorge Zahar Ed., 2009. 221p.

KARDEC, Allan. *A gênese.* Disponível em: <http://www.espirito.org.br>. Acesso em: 25 jun. 2014.

KARENGA, Maulana. Oduduwa. In: ASANTE, Molefi Kete; MAZAMA, Ama (org.). *Encyclopedia of African religion.* USA: SAGE Publication, Inc., 2009. p. 474-475.

KUHN, Fábio. *Breve história do Rio Grande do Sul.* 4. ed. Porto Alegre: Leitura XXI, 2011.

LEYVA, Pedro Acosta. Tipologia da hermenêutica afro-negra. In: *Identidade!* (periódico do grupo Identidade da Faculdades EST/IECLB). v. 14. Janeiro-Dezembro/2009.

LIBÂNIO, J. B.; MURAD, Afonso. *Introdução à teologia*: perfil, enfoques, tarefas. 5. ed. São Paulo: Loyola, 2005.

LWANGA-LUNYIIGO, Samwiri; VANSINA, Jan. Os povos falantes de banto e a sua expansão. In: FASI, Mohammed El; HRBEK, I. (ed.). *História geral da África III*: África do século VII ao XI. Brasília, DF: UNESCO, 2010. p. 169-196.

MAESTRI, Mário. *História da África negra pré-colonial.* Porto Alegre: Mercado Aberto, 1988.

MAJARỌ̀, Adébayọ̀ Abìdemí. *Girama ni ede yorùbá – sísọ, kíkọ ati ni kíkà*: gramática da língua yorùbá – falando, escrevendo e lendo. Polígrafo. 18 p.

MARTIN, Denise. Agricultural rites. In: ASANTE, Molefi Kete; MAZAMA, Ama (org.). *Encyclopedia of African religion.* USA: SAGE Publication, Inc., 2009. p. 17-19.

MATTOSO, Katia M. de Queirós. *Ser escravo no Brasil.* 3. ed. São Paulo: Brasiliense, 1990.

MOORE, Carlos. *Racismo e sociedade*: novas bases epistemológicas para entender o racismo. Belo Horizonte: Mazza Edições, 2007. 320 p.

MORIN, Edgar. *Cultura e barbárie europeias.* (trad. Daniela Cerdeira). Rio de Janeiro: Bertrand Brasil, 2009. 108p.

MUNANGA, Kabengele. Nova legislação e política de cotas desencadeariam ascensão econômica e inclusão dos negros, diz professor. São Paulo, 2005. *USP On-line.* Entrevista concedida a Marana Borges. Disponível em: <http://www.pambazuka.org/pt/category/ features/62676>. Acesso em: 16 maio 2014.

______. *Negritude*: usos e sentidos. 3. ed. Belo Horizonte: Autêntica, 2009.

NASCIMENTO, Elisa Larkin. Introdução às antigas civilizações africanas. In: NASCIMENTO, Elisa Larkin (org.). *Sankofa*: matrizes africanas da cultura afro-brasileira. v. I. Rio de Janeiro: Editora UERJ, 1996.

______. Introdução às antigas civilizações africanas. In: NASCIMENTO, Elisa Larkin (org.). *A matriz africana no mundo*. São Paulo: Selo Negro, 2008.

POLIAKOV, Léon. *O Mito Ariano*: ensaio sobre as fontes do racismo e dos nacionalismos. São Paulo: Perspectiva, 1974. 329 p.

PORTUGAL Fº, Fernandes. *Ifá, o senhor do destino*: Ọlọ́run Àyànmọ́. São Paulo: Madras, 2010.

PRANDI, Reginaldo. *Mitologia dos orixás*. São Paulo: Companhia das letras, 2001.

RAIMUNDO, Jacques. *O elemento afro-negro na língua portuguesa*. Rio de Janeiro: Renascença, 1933.

REHBEIN, Franziska C. *Candomblé e salvação*: a salvação na religião nagô à luz da teologia cristã. São Paulo: Loyola, 1985. 313 p.

SÁ JÚNIOR, Mário Teixeira de. Fé cega justiça amolada: os discursos de controle sobre as práticas religiosas afro-brasileiras na república (1889/1950). *Revista Brasileira de História das Religiões*. ANPUH, Ano III, n. 9, Jan. 2011. p. 41-74.

SAINT-HILAIRE, Auguste de. *Viagem ao Rio Grande do Sul* (1820-1821). Belo Horizonte: Itatiaia, 1974.

SANTOS, Boaventura de Sousa. Um ocidente não-ocidentalista?: a filosofia à venda, a douta ignorância e a aposta de Pascal. In: SANTOS, B. S.; MENESES, Maria Paula (org.). *Epistemologias do sul*. Coimbra: Almedina, 2009. p. 445-486.

SANTOS, Frei David. *Sete atos oficiais que decretaram a marginalização do povo no Brasil*. Disponível em: <http://www.educafro.org.br/site/wa_files/os_sete_atos.pdf>. Acesso em: 23 jun. 2014.

SANTOS, Juana Elbein dos. Pierre Verger e os resíduos coloniais: o outro fragmentado. *Religião e Sociedade*. n. 8, Julho de 1982. Disponível em: < http://culturayoruba.wordpress.com/pierre-verger-e-os-residuos-coloniais-o-outro-fragmentado/>. Acesso em: 11 set. 2014.

______. *Os nagô e a morte*: pàdé, àṣẹ̀ṣẹ̀ e o culto égún na Bahia. 11. ed. Petrópolis: Vozes, 2002. 264 p.

SANTOS JÚNIOR, Renato Nogueira dos. Afrocentricidade e educação: os princípios gerais para um currículo afrocentrado. *Revista África e africanidades*. Ano 3, nº 11, novembro/2010. Disponível em: <http://www.africaeafricanidades.com.br/documentos/01112010_02.pdf>. Acesso em: 08 jul. 2014.

SARAIVA, José Hermano. *Historia concisa de Portugal*. 4. ed. Portugal: Europa-América, 1979.

SILVEIRA, Hendrix. Quem é Kamuká? *Jornal Bom Axé*. ed. 32. Porto Alegre, p. 10, jan. 2008.

______. Afroteologia: elementos epistemológicos para se pensar numa teologia das religiões de matriz africana. In: CONGRESSO DA SOTER , 26., 2013, Belo Horizonte. *Anais do congresso da SOTER / Sociedade de Teologia e Ciências da Religião*: Deus na sociedade plural: fé, símbolos, narrativas. Belo Horizonte: PUC Minas, 2013. p. 1133-1143.

______. Reminiscências e rupturas entre o Batuque do Rio Grande do Sul e a religião tradicional *yorùbá*. In: CONGRESSO DA ANPTECRE, 4., 2013, Recife. ARAGÃO, Gilbraz S.; CABRAL, Newton Darwin A (Orgs.). *Anais do IV Congresso da Associação Nacional de Pós-graduação e Pesquisa em Teologia e Ciência da Religião*: o futuro das religiões no Brasil. São Paulo: ANPTECRE, 2013. p. 1787-1809.

SOUZA, Laura de Mello e. *O diabo e a terra de Santa Cruz*: feitiçaria e religiosidade popular no Brasil colonial. São Paulo: Companhia das Letras, 1989. 396 p.

TALIB, Yusof. A diáspora africana na Ásia. In: FASI, Mohammed El; HRBEK, I. (editores). *História geral da África III*: África do século VII ao XI. Brasília, DF: UNESCO, 2010. p. 825-859.

TEIXEIRA, Faustino. O lugar da teologia na(s) ciência(s) da religião. In: TEIXEIRA, Faustino (org.). *A(s) ciência(s) da religião no Brasil*: afirmação de uma área acadêmica. 2ª ed. São Paulo: Paulinas, 2008. p. 297-322.

TILLICH, Paul. *Teologia da cultura*. São Paulo: Fonte Editorial, 2009. 212 p.

TSHIBANGU, Tshishiku; AJAYI, J. F. Ade; SANNEH, Lemim. Religião e evolução social. In: MAZRUI, Ali A.; WONDJI, Christophe (Eds.). *História geral da África VIII*: África desde 1935. Brasília: UNESCO, 2010. p. 605-630.

VERGER, Pierre. Etnografia Religiosa Iorubá e Probidade Científica. *Religião e Sociedade*, n. 8, Julho de 1982. Disponível em: < https://culturayoruba.files.wordpress.com/2014/07/etnografia-religiosa-ioruba-e-probidade-cientifica-pierre-verge1.pdf>. Acesso em: 11 set. 2014.

______. *Orixás*: deuses iorubás na África e Novo Mundo. 5. ed. Salvador: Corrupio, 1997. 295 p.

VERNANT, Jean-Pierre. *Mito e pensamento entre os gregos*: estudos de psicologia histórica. Rio de Janeiro: Paz e Terra, 1990. 400 p.

WRIGHT, Tyrene K. Oya. In: ASANTE, Molefi Kete; MAZAMA, Ama (org.). *Encyclopedia of African religion*. USA: SAGE Publication, Inc., 2009. p. 515.

XANGÔ Sol. Disponível em <http://www.xangosol.com>. Acesso em 21, abr. 2014.

Não somos filhos sem pais

História e Teologia do Batuque do Rio Grande do Sul

Uma publicação da Arole Cultural

Acesse o site

www.arolecultural.com.br